JN057756

New Standard

日本史概説

A Brief History
of Japan

知る
出会う
考える

［著］

勝田政治
眞保昌弘
仁藤智子
秋山哲雄
夏目琢史
久保田裕次
石野裕子

北樹出版

日本史概説

知る・出会う・考える

歴史誕生・国家成立への軌跡

■概　観

　700万年以上前のアフリカ東部で誕生した人類は、氷河期とも呼ばれる更新世を通じて発達をくり返し、世界各地に拡散した。現世人類につながる新人（ホモ＝サピエンス）は、3万年以上前に日本列島に渡来した可能性が高く、岩宿遺跡では厚く堆積したローム層（赤土）から打製石器が発見されている。人々は狩猟採集を主な生業として簡易的な住まいや一時的な洞穴を利用し、一定範囲内を絶えず移動していた。この旧石器時代が、わが国における歴史の誕生となる。

　およそ1万5000年前から起こった地球規模の温暖化は、日本列島を大陸半島から完全に切り離し、現在と同様の地理・気候的環境をもたらした。植物資源への依存が高まり、調理具として土器が出現、動物相の変化に弓矢や落とし穴を使用、海岸地形の変化による漁撈の活発化により多くの貝塚が形成された。このような生業の多様化は竪穴住居による定住と集住を実現化させた。獲得型社会である縄文時代が1万年以上も持続されたことは世界史的にも例をみない。

　およそ2500年前に半島から伝わった水田稲作は、食料を生産する安定した生活を約束した。弥生時代には、新たに金属器である青銅器や鉄器のほか大陸系の磨製石器が使用され、大陸や半島との盛んな交流が行われた。農耕により蓄積された余剰生産物は、貧富の差や戦いを発生させ、社会のなかに階層化をもたらした。強力な集落は周辺集落を統合し、「クニ」と呼ばれる政治的なまとまりを形成し、農耕開始後わずか数百年でめまぐるしい社会の変化がみられた。

　3世紀中頃から後半になると、前方後円墳をはじめとする大規模な墳丘をもち、汎日本的に分布する古墳が造営され、古墳時代が始まる。最も規模の大きい古墳が奈良県を中心に認められ、墳形や埋葬施設のほかに同じ鋳型でつくられた銅鏡を副葬するなど墓制にも共通意識が読み取れることから、「ヤマト王権」と呼ばれる政治的な連合関係の形成が考えられる。また、鉄資源や先進的技術や文物を確保するため、大陸半島にも積極的に進出していたことがわかっている。

　6世紀にわが国に伝えられた仏教は、律令制とともに東アジア的国際秩序の導入と位置づけられる。畿内のみならず地方にも波及し、古墳から寺院への遷移がみられる。隋唐など巨大帝国の出現は、わが国の中央集権化を早めたが、独自な権威を保持する「小中華思想」もみられた。律令制が整い、平城京が造営されると地方に伸びる交通網が整備され、官衙も造営された。地方支配には古墳時代からの伝統勢力との結びつきも認められた。

年　表

年代	できごと	西暦	できごと
約 700 万年前	アフリカ東部で人類が誕生する		
約 20 万年前	ホモ＝サピエンス（新人）が出現する		
約 3 万 6000 年 〜1 万 3000 年前	日本列島で最古の石器が作られる		
約 1 万 3000 年前	縄文土器が出現する		
約 1 万年前	大陸半島から日本列島が分離する		
約 2500 年前	稲作農耕が伝えられる		
2 世紀頃	戦いの激化、環濠集落が広まる		
	各地で個性的な大型墳丘墓が造営される	57	倭奴国王、後漢の光武帝より印綬を受ける
		239	女王卑弥呼、魏の皇帝に遣使をおくる
3 世紀中頃	定型化した前方後円墳が造営される	247	このころ、女王卑弥呼死す
4 世紀前半	前方後円墳が各地で造営される	414	高句麗好太王碑を建立する
5 世紀頃	朝鮮半島の文化や技術が列島に伝わる		
5 世紀中頃	日本最大の大仙陵古墳が造営される	471	稲荷山古墳辛亥年銘鉄剣製作される
6 世紀頃	形象埴輪が盛んにつくられる	527	筑紫国造磐井の乱
	横穴式石室が採用される	538	百済より仏教が伝えられる
	前方後円墳の造営が終わり、円墳・方墳が造営される	596	飛鳥寺（法興寺）が造営される
7 世紀頃		603	小墾田宮を造営する
		639	百済大寺を造営する
7 世紀中頃	八角墳が大王墓として造営される	645	乙巳の変
		651	難波長柄豊碕宮に都を遷す
		663	白村江の戦い
7 世紀後半	「評」段階の役所である評家が造営される	672	壬申の乱
	各地で寺院や郡衙が造営される	694	藤原京に都を遷す
8 世紀頃	大宰府・多賀城が造営される	701	大宝律令を制定する
8 世紀前半	各地で本格的な国府が造営される	710	平城京に都を遷す
		741	国分寺建立の詔

第1章

列島の形成と人類の渡来・歴史誕生

第1節　人類の世界的拡散と列島渡来

　人類は、700万年以上前にアフリカ東部の大地溝帯で誕生したと考えられ、その起源は調査と研究の進展にともなって現在も遡及している。二足歩行、道具の製作・使用、火の利用、集団化にともなう言葉の発達など類人猿と異なる進化をとげた人類は、地質学の新第三紀の中新世から第四紀の更新世を通じて猿人・原人・旧人・新人の順に出現した。

　この間、様々な種類の人類が存在したものの大多数は絶滅し、ひとつの系統が現生人類へとひきつがれた。猿人の化石はアフリカでしか発見されていないものの、原人（ホモ＝エレクトス）はユーラシア大陸にも進出し、さらに20万年前にアフリカで出現した新人（ホモ＝サピエンス）は、アメリカ大陸を含む世界各地に拡散した。新人段階の行動原理には、優れた計画・発明能力が備わっていたと考えられている。

　第四紀は、1万年余り前を境に更新世と完新世に区分される。更新世は氷河時代とも呼ばれ、寒冷な氷期と比較的温暖な間氷期をくり返した。氷期による100メートルを超える海水面低下にともない、日本列島はアジア大陸と結びつき、北からマンモスやヘラジカ、南からナウマン象やオオツノジカなどに代表される動物群が往来した。それらとともに人類が渡来したと考えられる。この時代を旧石器時代と呼び、わが国の歴史誕生に位置づけられる。

　現在の北海道地域はサハリンや千島列島南部とともに大陸につらなり、世界的な旧石器文化の影響を強く受けていたことがわかる。津軽および朝鮮海峡は、更新世を通じ、狭まることは

図1-1　更新世後期（約6万年前以降）
の大陸・半島・列島の地形
（佐藤 2019：9）

あっても陸接せず、本州・四国・九州がひとつの島となる古本州島を形成した（図1-1）。

　しかし、南北に長く東西に狭い列島地形、複雑な海岸線、平野に乏しく7割以上の山地、数多くの急こう配な河川は、人類の活動にテリトリーを生じさせ、石器文化には地域差がみられた。

第2節　旧石器文化の発見

　従来から縄文時代より以前は、活発な地球活動によって降下した火山灰が土壌化したローム層（赤土）を厚く堆積させることから、人類の活動や痕跡が認められないものと考えられてきた。しかし、1949（昭和24）年に発掘調査された群馬県みどりの市岩宿遺跡においてローム層中から打製石器が発見され、人類の存在が確実なものとなった（第1部 *Column 1-1* p.8参照）。以後、日本各地で遺跡の発見が相次ぎ、1万4500か所が明らかとなっている。2000（平成12）年に発覚した旧石器捏造事件では、アジア最古となる70万年前にさかのぼる原人段階の旧石器文化の存在などが指摘されてきたが、東日本各地での検証作業によって否定されることになった。現在では、遺跡の多くが後期旧石器時代とされる3万6000年前から1万3000年前に位置づけられている。

　考古学は、人類が物質的資料に残した痕跡を研究の対象とするもので、住居跡や古墳などの不動産的なものを遺構、石器や土器などの動産的なものを遺物、これらの総体を遺跡と呼んでいる。人類の様々な活動痕跡は、自然災害や人的破壊などのほか、動物の皮や植物の繊維でつくられた衣類、人や動物の骨、木製品などが有機物となることから、失われる場合が多い。特に、この時代の基盤土層となるローム層は酸性土壌となることから遺存状態が悪く、出土品のみによって当時の生活を復元することは困難となる。しかしながら厚く堆積したローム層は、考古学による相対年代のよりどころとなる「上下に重なる層序（地層の順序）のうち、より下位にある地層は、上位の地層よりも古い」という「地層累重の法則」から、時間的前後関係を見極める絶好の環境をもたらしている。下位から上位の地層へ、大型の石材に刃を形成した礫器、原石から連続的にはぎとった石材からなる剥片石器であるナイフ形石器や尖頭器、さらに細石刃と呼ばれる、小型の石器を木や骨の柄にはめ込んで槍などに使用した細石器が出土し、層序による

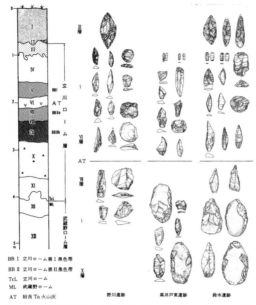

図1-2　武蔵野台地の多層遺跡（古い時期から新しい時期
　　　までの各層からの出土石器）（日本第四紀学会ほか編
　　　1992：10）

BB I　立川ローム第 I 黒色帯
BB II　立川ローム第 II 黒色帯
TcL　立川ローム
ML　武蔵野ローム
AT　姶良 Tn 火山灰

野川遺跡　　　高井戸東遺跡　　　鈴木遺跡

時間経過と石器変化の相関が確かめられている（図1-2）。

　日本各地には、天然の洞穴や岩壁の基部が大きくえぐられた岩陰遺跡がある。石灰岩地帯では人骨や獣骨などの遺存状態が良好であり、静岡県浜松市浜北人、沖縄県八重瀬町港川人などは、列島における最古の人類の存在を示す貴重なものとなっている。人々は小規模な集団により簡易的な住まいや洞穴を一時的に利用し、一定の範囲内で移動していたことが推測されている。しかしながら神奈川県相模原市田名向原遺跡では、炉を中心に柱穴（ちゅうけつ、はしらあな）が囲い、さらに周囲を礫や石器がめぐる内部径約10メートルの範囲に、180点ほどの石槍やスクレイパー（刃状・へら状の器具）、ナイフ形石器、製作の際に生じた多量の石核や剥片など計3000点近くが出土し、一定程度の定住の痕跡もうかがわれるようになっている。

　この時代の特徴的な出土品には、刃部付近だけを研磨した局部磨製石斧があり、900例を超えている。アジア大陸では認められないことから、集団での森林資源の活用や大型動物の解体など、列島における独特な自然環境への適応行動により発達した石器と考えられている。

　石器製作の代表的素材となる黒曜石は、火山噴火にともない噴出したマグマが急速に冷却して生成された天然ガラスの一種である。打撃を加えると薄くて鋭い剥片が取れやすく、打製石器の材料とされてきた。産出地は、列島内の中央高山地帯や島嶼部となる一方、生活空間は狩猟採集活動に有利な台地等の平坦地となることから、石材の入手過程に、広範囲な交易網の存在をうかがうことができる。

また、石材の性質から製作痕跡を明瞭にとどめ、考古学的な技術解明にもおおいに利用されることになった。

第3節　日本人の形成と起源

　旧石器時代に渡来した人々は、その後の地球環境の温暖化にともなう大陸半島との分離により、北海道から沖縄まで列島内で独自な歴史と文化を育み始めた。縄文時代の遺跡から出土する人骨には、頭が短く巾が広い、凹凸に富んだ特徴があり、古い段階からアジア大陸に住んでいた古モンゴロイドの系統に属している。他方で、弥生時代に始まる稲作農耕の伝播にともなって渡来した人々は、顔が面長でのっぺりし、目は細く一重まぶたとなる形状に復元されている。アジア大陸北部の寒冷な気候に適応するため体表面積を減らし、体温低下を防ぐという形質変化を経た、新モンゴロイドに分類される。このように、日本列島に渡来する時期の相違が形状の違いとして表われていることがうかがえ、その後の列島内における混血、生活条件の変化を経て、今日の日本人としての人種的特徴が形成されたと考えられる（図1-3）。混血度の違いから、北海道に住むアイヌの人々や沖縄などの南西諸島の人々は、より強い縄文人の特徴である古モンゴロイドを受け継いでいることになる。

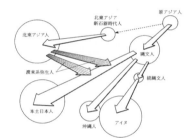

図 1-3　日本人の形成と起源
（埴原　1993：111）

　　第二次世界大戦以前の歴史学界において、1万年以上もさかのぼる日本列島では火山灰の降下によって人類の存在のみならず、いっさいの生物の生存を明らかにすることはできないとの考え方が一般的であった。

　　1931（昭和6）年春、直良信夫は、ゾウやシカなどの化石が産出することで著名な兵庫県明石市西八木海岸で、化石化した人類の腰骨と考えられる断片を発見した。学問的裏付けを得るため東京帝国大学理学部人類学教室に鑑定を依頼したものの、決定的な評価を得ることはできなかった。本格的な研究をはじめるため東京に転居したものの、1945（昭和20）年5月の空襲によって化石人骨類が焼失するという不遇に見舞われてしまった。人類学者である長谷部言人は、保管されていた化石人骨の写真と石膏模型を発見し、原人段階に属するとして1948（昭和23）年7月「ニッポナントロプス＝アカシエンシス（明石原人）」と命名した。同年、確証を得るため海岸付近で調査を進めたが、人骨、動物化石のほか石器類を発見することはできなかった。1985（昭和60）年に行われた調査では石器や木器の出土が確かめられたものの、「明石原人」の存在を明らかにすることはできず、今日も解決をみるには至っていない。

　　群馬県の桐生市周辺の農村で行商していた相沢忠洋は、1946（昭和21）年晩秋、新田郡笠懸村（現在のみどり市）沢田の国鉄両毛線岩宿駅から北西1.5キロメートルにある、低丘陵のローム層の切通しから、細石器を含む剥片を採集した。その後、1949（昭和24）年の初夏、崖面に突きささる状態で黒曜石製の槍先形石器を発見する。そのことを伝えられた明治大学大学院生の芹沢長介や助教授の杉原荘介によって現地調査が実施され、縄文時代の土器や石器を含まないローム層中から、文化層の存在が認められた。更新世となる土層中から石器が確認されたのはわが国初めてのことで、旧石器時代という日本の歴史の幕開けが明らかとなった（図1-4）。

図1-4　岩宿遺跡と出土石器群（上：岩宿Ⅲ／中：岩宿Ⅱ／下：岩宿Ⅰ）（玉田編 2009：13）

第2章

生業の多様化と縄文社会の成立

第1節　気候の変動と縄文文化の誕生

　今からおよそ1万5000年前を境に地球は温暖化をむかえた。さらに1万年余り前の完新世の始まりには、海面上昇によって大陸・半島から日本列島は分離し、現在と同様の地理・気候的環境となった。縄文時代の始まりである。日本海の拡大は、暖流を流入させ、大洋流も列島の沿岸域に接近したことによって温暖湿潤な海洋性気候へと劇的な変化をもたらした。これまでの亜寒帯性の針葉樹林に代わって、東日本では落葉広葉樹林であるブナやナラ、西日本ではシイやカシなどの照葉樹林が広がるなど植生も大きく変わり、縄文人はクルミ、クリ、トチ、ドングリなどの堅果類、ヤマイモなどの根茎類といった植物資源への依存を一段と高めた。この時代の特徴は土器の出現にあり、青森県外ヶ浜町大平山元I遺跡の無文土器は、世界最古の段階となる1万6000〜1万5000年前ころと考えられている。東アジア各地でもこの時期に土器の出現が認められているものの、土器文化がその後も継続することにわが国の特徴をうかがうことができる。最古段階の土器は無文土器、豆粒文土器、隆起線文土器、爪形文土器と呼ばれ、器形が円形や方形、底部も丸底や尖底となることから皮袋や編籠などが原型と考えられている（写真1-1）。縄文土器は粘土を成形して乾燥させた後、窯などの特別な施設を用いずに600〜900℃の焼成による硬化を利用した土の器である。土器の特性から煮沸に使用され、特にアクの強い堅果類への利用など食物の可食域を著しく拡大することにつながった。このほか土掘用の打製石斧や、木の実などを割ってすりつぶす石皿・すり石とともに、磨製石

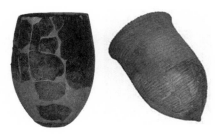

写真1-1　**最古の土器**（左：長崎県泉福寺洞穴出土豆粒文土器（佐世保市教育委員会所蔵）／右：青森県上北郡六ヶ所村出土隆起線文土器・複製（六ヶ所村教育委員会提供））

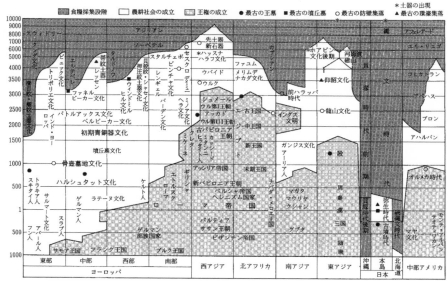

図1-5　世界史の中の日本列島の位置（日本第四紀学会ほか編　1992：2）

斧は森林資源の伐採や住居・丸木舟の製作などにも広く使用される。アジア大陸では農耕や牧畜など食料生産が一早く始められ、日本でもクリ林の管理・増殖やマメ類の栽培、また、一部ではコメなどの栽培も開始されていた可能性が指摘されている。しかし、本格的な農耕は2500年前頃の弥生時代を待たなければならず、新石器段階となる縄文文化が食料獲得段階であることは日本列島の独自な歩みを物語っている。そして獲得型の社会にあっても生業の多様化により、約1万年以上に及ぶ持続社会を成立させたことは、世界的にみても例をみない（図1-5）。

第2節　多様な生活基盤による定住と集住

　気候の変化は、旧石器時代以来の大型動物群を絶滅させ、代わってシカ、イノシシ、ウサギなどの動きの速い中小動物を群棲させることにつながった。狩猟の対象の変化に対しては矢の先に石鏃を装着させて弓矢をつくり、けものの通り道に落し穴を仕掛けるなどの対応をはかっている。

　温暖化にともなう海面上昇は「縄文海進」と呼ばれ、縄文早期末から前期初頭の約6000年前のピーク時には、現在よりも海面が少なくとも2メートル以上上

昇し、関東平野では利根川、荒川などの旧河川に沿って奥深い入江が形成された
ことが貝塚の分布状況からわかっている（第1部 *Column 1-2* p.13 参照）。氷期以来
河口部に発達した沖積地、海面変化にともなう波食や氷食から生まれた大陸棚と
いった浅海域、列島特有の干潟といった多様な海岸地形と河川環境は、縄文時代
から本格化する漁撈活動の発達をうながした。丸木舟をはじめ骨角器である釣針、
銛、やすのほか、石錘、土錘、網を使用した漁法も盛んになった。海岸部の集落
付近には貝塚が形成され、貝殻に含まれるカルシウム分によって、通常残存しな
い人骨や獣骨角、魚骨が出土し、当時の自然環境や縄文人の生業を復元する貴重
な情報をもたらしている。貝塚は今日のゴミ捨て場と称されるが、食べた動物の
骨や貝のほか、縄文人の墓がつくられることから、使い終わったものをまつって、
神々の世界に送るアイヌ民族の儀式にみられる「おくりの場」とした方が実態に
近いといえる。

　このような生業の多様化は人々の定住化をもたらし、地面を掘り下げた床面中
央に炉を設け、屋根をかけた竪穴住居がつくられるようになる。一般的に集落は、
日当たりがよく、水場の近くの台地上に営まれ、広場を囲んで竪穴住居が環状に
取り囲むものとなる（図1-6）。竪穴住居4〜6軒程度で集落が構成され、定住化
により貯蔵穴が多数認められるとともに、集落の中心的な位置に共同の墓地が存
在する。青森県青森市三内丸山遺跡では、
縄文時代前期から中期にかけておよそ
1500年間も居住が継続され、580棟以上の
竪穴住居跡がみつかっている。また、集会
や共同作業の場と考えられる大型の竪穴住
居や、巨大な柱を用いた掘立柱建物跡も発
見され、集団による大規模な土木工事が行
われたことも明らかになっている。

図1-6　環状集落の成立（横浜市南堀遺跡）
（日本第四紀学会ほか編 1992：93）

第3節　縄文社会と精神文化

　縄文人は自然界との共生の中で、あらゆる自然物や自然現象に霊威の存在を認
める観念であるアニミズムをもち、呪術によってその災いを避け、豊かな収穫を
祈った。このような呪術的な風習をあらわす道具として女性をかたどる土偶や男

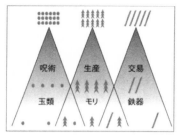

図1-7　ヘテラルキーの社会構造
（松木　2007：196）

性の生殖器を表現した石棒がある。また、抜歯もみられ、大人の仲間入りなどの代表的な通過儀礼と考えられている。

　縄文時代を代表する装身具の原料である硬玉（翡翠）は、ヒスイ輝石の微細な結晶からなる鉱物で、新潟県姫川や富山県青海川流域に産地が限定される。しかし、その製品の分布は広範囲に及び、交易圏の広がりが推測されるとともに、出土数の多寡に交易ルート、権益の存在がうかがえる。また、伊豆諸島にも縄文時代の遺跡がみられることから、外洋航海が行われていたことを示し、不足する物資は集落間での交換、遠方の集団との交易も活発に行われていることがわかる。

　縄文社会の墓は、地面を掘りくぼめた土壙の中に埋葬するもので、しばしば、体を強く折り曲げた屈葬が認められ、死者の霊が災いを起こすことを恐れたためとも考えられている。人々は集団で力をあわせて働き、統率者はいても社会的関係を構成する地位差や貧富差が認められない、基本的には平等な社会であったと考えられる。しかし、一部の墓には、貝輪や玉などの装飾品や遠方からもたらされた交易品、生業や生産に使用される道具などを副葬する例があり、特別な扱いを受けた埋葬も認められる。このことから、それぞれ異なった社会的役割で頂点に立つ重要人物が並存するヘテラルキー（多頭的階層）とされる社会構造の存在がうかがわれる。やがて弥生時代に入り、半島から稲作農耕や武器が伝えられ、ヒエラルキー（寡頭的階層）の社会構造へと変化していくものと考えられる（図1-7）。

　1877（明治10）年6月、アメリカ人動物学者エドワード・S・モースは、貝の仲間である腕足類研究のため横浜港に上陸した。5年前に開通したばかりの横浜・新橋間の鉄道に乗車し大森駅をすぎて間もなく、左手崖面に貝の堆積層を発見、これが現在の東京都品川区大森貝塚である。東京大学教授に就任したモースは9月、学生であった佐々木忠次郎らと現地調査を実施し、成果を1879（明治12）年に『SHELL MOUNDS of OOMORI』として報告した。翻訳では「cord marked pottery」の語に、土器に撚った紐などでつけた模様の意味で「索文」があてられたが、学会では「縄文」の語を用いることになり、今日に至っている（図1-8）。

　刺激を受けた佐々木は、後輩である飯島魁を誘い、1879（明治12）年、茨城県美浦村の陸平貝塚で発掘調査を実施した。調査成果は1882（明治15）年『OKADAIRA SHELL MOUND AT HITACHI』として英文でまとめている（図1-9）。それぞれの報告書の土器表現をみると、大森貝塚では、底部や口縁部の水平が基準となり、真上からの描写、断面図がみられるが、陸平貝塚では、斜俯瞰となる立体的な絵画が記載されている。今日の土器実測は、土器の水平、中心点の割り出し、直径・傾きの算出、断面の作図を行い、斜俯瞰のアングルは写真撮影で行われる。描写に違いが認められるものの、陸平貝塚では、現地で現物を調査し、その成果を報告書とする考古学研究の基本が受け継がれた日本人のみによるはじめての調査が行われたことになる。その後、佐々木は昆虫学、飯島は動物学において、日本の学問の基盤を構築していくことになり、本格的な考古学の普及は30年後、ヨーロッパへ留学した濱田耕作の帰国を待たなければならなかった。

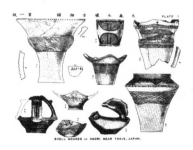

図1-8　大森貝塚出土土器（SHELL MOUNDS of OMORI）（モース　1983：87）

図1-9　陸平貝塚出土土器（OKADAIRA SHELL MOUND AT HITACHI）（飯島ほか　1983：plate1）

第3章

農耕の開始と「クニ」の出現
——弥生文化の成立

第1節　農耕の成立と弥生文化

　今から 2500 年前の縄文時代の終わり頃、九州北部で本格的な水田による米づくりが開始される。弥生時代の代名詞である「農耕」とは、栽培化された植物への高いレベルでの依存やそれが食料のなかで支配的になることで、食料の安定的生産に直接結びつくことになった。時代名称となる「弥生」は、1884（明治17）年、東京の本郷弥生町向ヶ岡貝塚（東京都文京区弥生二丁目）で発見された一個の土器が、従来から知られていた貝塚土器（縄文土器）とは異なる特徴を備えていることから地名にちなんで名づけられた（写真1-2）。

　稲作は、西日本一帯に急速に広がり、やがて東日本にも波及し、青森県弘前市砂沢遺跡では弥生時代前期、同県田舎館村垂柳遺跡では中期の水田痕跡が発見されている。しかし、縄文文化が日本列島の全域に及んだのに対して、稲作農耕による弥生文化は北海道や南西諸島には及ばず、引き続き食料獲得型の社会が継続することになった（第2部古代篇　第1章 p.34 参照）。弥生時代は、汎日本的に古墳が出現する 1700 年前頃まで続き、以前からの縄文的要素、中国大陸や朝鮮半島との交渉の活発化にともなう大陸的様相、新たに発達させた弥生的要素を混在化させながら社会、文化、政治、集団、墓制に大きな展開をみせた。

写真1-2　本郷弥生町向ヶ丘貝塚出土の弥生土器
（東京大学総合研究博物館所蔵）

　初期の稲作は、狭い沢状地や低湿地での小規模湿田が認められることから、籾を直播きにする方法が考えられてきた。しかし、田下駄の存在や岡山県岡山市百間川遺跡のように稲株痕跡の並びから田植えの存在が明らかで、福岡県福岡市板付遺跡では灌漑、排水用の水路を備えた本格的なものも認められた。このことから稲作は、その導入段階より本格的なものであったことがわかって

きている。開田や耕作にともなう耕具としては鍬、鋤、柄振、農作業補助具としては田下駄、田舟、脱穀具としては臼や竪杵などの木製農具が発達した。水路の畦板、住居や倉などの製作には、この時代に新たにもたらされた大陸系の太型蛤刃、柱状片刃、扁平片刃と呼ばれる各種磨製石斧が用いられた。このほか、弥生時代を特徴づける金属器として鉄製の斧、やりがんな、刀子があらわれ、多くの石器は姿を消していくことになる。しかしながら石包丁については、稲が単一的な品種ではなく、背丈も成熟時期もばらつきが大きかったため、熟した穂首ごとで刈り取るのに適した収穫具として用いられ続けた。

第2節　水田稲作の発達と社会の変化

　静岡県静岡市登呂遺跡では、膨大な数の畦板で水路や大区画を囲う水田が耕作され、近くの平野には5〜6軒単位で竪穴住居が営まれ、収穫物は高床式倉庫におさめられた。しかし、従来とは比べものにならない20〜30軒に及ぶ大規模な集落も出現し、佐賀県吉野ヶ里町吉野ヶ里遺跡では、大きな環濠と土塁・柵を幾重にもめぐらせ、敵を見張るため物見櫓などの防御施設内部に大型建物が確認されている。また、東日本でも神奈川県横浜市大塚遺跡で集落の周囲に深い濠や土塁によって防御される環濠集落が認められている。このような集落は、北部九州からはじまり西日本へ、さらに日本海側では新潟県、太平洋側では関東地方まで確認されている。

　農耕社会の成立は、富の蓄積と生活の安定をもたらすことになったが、世界的にみても集落域に防御的施設を備えるなど蓄積した余剰生産物をめぐる争いが始まるという共通性がみられる。

　具体的に戦いを示す考古学的な資料としては、福岡県飯塚市スダレ遺跡3号甕棺に埋葬された熟年男性人骨がある（写真1-3）。第二胸椎（脊柱の一部の骨）に磨製石剣の先端部だけが突き刺さった状態で出土し、背後から右利きの戦士によって逆手に握った武器で一撃を加えられたものである。骨増殖が認められることから、およそ2か月程度生存し、死亡後に埋葬され

石剣の先端部

写真1-3　刺さって折れた石の剣（福岡県スダレ遺跡出土）（穂波町教育委員会 1976 一部改変）

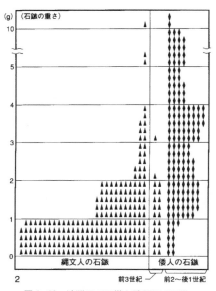

（g）（石鏃の重さ）

縄文人の石鏃　　倭人の石鏃

2　　　　　前3世紀　　前2〜後1世紀

図1-10　狩猟用の石鏃と戦闘用の石鏃
（国立歴史民俗博物館編　1996：58）

たものと考えられている。

　また、縄文時代以来の狩猟具であった打製石鏃（せきぞく）は、長さ3センチメートル、重さ2グラムを境界値として、縄文時代の石鏃はほとんどがそれ以下の小型のものとなる。これに対して弥生時代の石鏃は、三角形と菱形に近く基部が突出するものの2種類あり、弥生時代はじめの頃は、縄文時代のものと大差がなかったが、その後菱形状のものは、境界値をはるかにしのぐ大型化の現象を示している（図1-10）。弥生時代にもたらされた金属製鏃の重さにも匹敵し、より深く射込むことを目的とした武器の役割が与えられたものと考えられている。

　弥生時代の祭祀（さいし）としては、朝鮮半島から伝えられた青銅製の楽器である銅鐸（どうたく）、武器である銅剣、銅戈（どうか）、銅矛（どうほこ）が日本列島においてしだいに大型化し、祭器としての役割をもつようになった。種類によって国内での分布域が異なり、地域的なまとまりにおいて豊かな収穫を祈願・感謝するマツリが行われたことがわかっている。

第3節　「クニ」の分立と邪馬台国連合の形成

　死者は集落近くの共同墓地に埋葬され、九州北部では甕棺墓や支石墓（しせきぼ）、畿内を中心に方形周溝墓（ほうけいしゅうこうぼ）、山陰から北陸地方にかけては四隅突出型墳丘墓、東日本では再葬墓（さいそうぼ）など、これらの墓には地域性がよく認められる。また、福岡県糸島市平原方形周溝墓では、鉄製の素環頭大刀（そかんとうたち）やガラス小玉のほか40面に及ぶ銅鏡を、春日市須玖岡本遺跡（すぐおかもと）巨石下甕棺墓（かめかんぼ）でも30数面の銅鏡、剣、鉾（ほこ）や璧（へき）など多数の副葬品をともなっている。さらに岡山県倉敷市の楯築墳丘墓（たてつきふんきゅうぼ）では直径40メートルにおよぶ円形墳丘の両側に突出部をもつなど、副葬品や規模において特別な墓が築かれた地域もみられる。農耕の発達によって、集落間の共同作業や水系にそった

複数集落にまたがった地域を統率する有力な支配者が出現し、その墓が社会の階層化を示す重要な意味をもちはじめたことがわかる。

図 1-11 「漢委奴国王」印（福岡市博物館所蔵）

　各地に出現した有力者の分立状況は、中国の歴史書からもうかがわれ、『漢書』地理志には倭人社会が百余国にわかれ、前漢武帝の紀元前 108 年、朝鮮半島においた楽浪郡に定期的に使者を送ってきていたこともわかっている。また、『後漢書』東夷伝には「建武中元 2 年（57）、倭奴国貢を奉じて朝賀す。使人自ら大夫と称す。倭国の極南海なり。光武賜うに印綬を以てす」の記事があり、これを裏付ける「漢委奴国王」の金印（図 1-11）が、1784（天明 4）年福岡市志賀島で百姓甚兵衛により発見されている。奴国は福岡市博多湾付近に位置し、大陸半島の先進的な文物を入手する上で地理的に有利で、積極的に使いを送り、倭国内での立場を高めようとしていたことがわかる。さらに「魏志倭人伝」には、2 世紀の終わり、争乱が続いた後、ともに卑弥呼を女王に立て、邪馬台国を中心とする約 30 からなる小国連合を形成していたことが記載されている（第 1 部 *Column 1-3* p.18、第 2 部古代篇　第 1 章 p.35 を参照）。

　「魏志倭人伝」は、中国の史書『三国志』魏書の「烏丸鮮卑東夷伝」倭人の条の俗称であり、3世紀後半に晋の陳寿により編纂された。烏丸鮮卑東夷伝の国々や集団についての記述がおおまかなのに対して、倭人伝には東夷にまとめられた地域のなかでも最多となる2013文字が費やされ、邪馬台国やそこに至る対馬国、一大（支）国、末盧国、伊都国、奴国といった国々が詳述されている。それぞれ長崎県対馬市・壱岐市、佐賀県唐津市、福岡県糸島市・春日市といった地域とすることができる。江戸時代から新井白石や本居宣長らの学者により検討が加えられ（新井白石の活躍については、第4部近世篇 第4章 p.113を参照）、その後、邪馬台国の所在地をめぐって、近畿地方の大和に求める説、九州北部に求める説の論争が活発となる。近畿説をとれば、畿内にあった邪馬台国がそのまま後に成立するヤマト王権とつながっていったのか。九州説をとれば、九州にあった邪馬台国連合の勢力以外がヤマト王権を形成したか。それとも東遷してヤマト王権を形成したのか、という違いがあり、決着をみるには至っていない。

　倭人伝の記載が倭人社会をどのくらい反映したものであるのか、現在、遺跡の検証が進められている。吉野ヶ里遺跡をはじめとする大規模な環濠集落は、「宮室・楼観・城柵を厳かに設け、常に人あり、兵を持して守衛す」（図1-12）に、九州北部をはじめとする甕棺墓からの頭骨のない人骨や武器に傷ついた人骨の出土は、「倭国乱れ、相攻伐すること歴年」という記述に関わるものと考えられている。これらの記述から「魏志倭人伝」は、当時の社会や文化を具体的に知る上で欠かせない史料となっている。

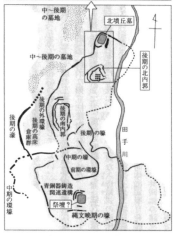

図1-12　弥生時代の大規模環濠集落の構造（佐賀県吉野ヶ里遺跡）
（寺沢 2000：172）

第4章

古墳の造営とヤマト王権

第1節　古墳の出現とヤマト王権

　弥生時代の後期には、すでに各地で大型の墳丘をもつ墓が造られていた。しかし、3世紀中頃から後半になると、定型化した前方後円墳に代表される、より大規模な墳丘をもつ古墳が汎日本的に造営されるようになる（図1-13）。

　この時代を古墳時代といい、旧石器・縄文・弥生の各時代が遺物を中心とした名称となるのに対して、大規模な墳墓の造営を画期とする特徴的な時代となる。中国の秦始皇帝陵など巨大な王墓も、国家形成期の初期段階に造営される傾向がある。しかし農耕社会の成立から絶対的な権力者の出現を意味する巨大墳墓の出現までは、世界各地で1000年以上を要したのに対して、わが国においては、およそ600年という短い期間で到達し、さらに400年後には国家が形成されている。このように社会的組織化の進度が著しく速いことは、わが国の歴史的特質といえる（第2部古代篇　第1章 p.36参照）。

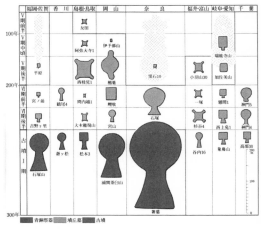

図1-13　弥生時代から古墳時代にかけての墳墓の変遷
（国立歴史民俗博物館編　1996：96）

写真1-4　出現期の前方後円墳（奈良県箸墓古墳）（国立歴史民俗博物館編　1996：97）

初源期の古墳には、奈良県桜井市箸墓古墳（前方後円・280メートル）を挙げることができる（写真1-4）。

　出現期の古墳で最も規模の大きいものが近畿地方を中心に造営されることから、これらの勢力を中心に広く政治的な連合が形成されたとして、ヤマト王権と呼ばれている。これらの古墳からは、長い木棺を竪穴式石室におさめた埋葬施設、鉄製の武器や農工具とともに三角縁神獣鏡をはじめとする多数の銅鏡や腕輪形石製品などの副葬品が出土し、画一的な内容をもっている。各地の勢力との共通意識のもとで古墳はつくられ、弥生時代以来各地域の墳丘墓で採用されていた特徴を取り入れたことが指摘されている。墳墓表面の葺石は岡山県や島根県、特殊器台や特殊壺型埴輪は岡山県、大量の銅鏡埋葬は福岡県などでみられていたものである。共通した古墳造営や葬送儀礼は、政治的・階層的秩序によって、各地に分立する倭人社会に秩序や社会的関係を形成するとともにそれを表示する役割をもったものと考えられる。このほかに東日本を中心に前方後方墳がつくられ、畿内勢力との関係に一定の距離をもつ地域の王の存在も認められる。立地は、周囲からよく見える場所や交通の要所にあり、古墳が死者の埋葬のために造営されたのみならず、権威の誇示、葬送儀礼の実施、地位継承の場などの機能も備えられていた可能性がある。造営にともなう労働力の動員と管理、物資の供給、高度な土木技術、葬送儀礼には、従来とは比べものにならない社会の組織化が整えられたことがうかがえ、古墳時代のはじまりには、より大きな支配力の集約が可能となった社会的背景がみえる。

第2節　巨大前方後円墳の造営と在地勢力

　5世紀中頃になると、わが国最大となる大阪府堺市大仙陵古墳（前方後円・486メートル）をはじめ墳丘が長大化することになる。

　墳丘規模が大きい順から46番目までを前方後円墳が占め、47位に前方後方墳、それ以下も前方後円墳が続くことから、前方後円墳を最重要な墳丘形式とすることができる（図1-14）。巨大な前方後円墳は、近畿のみならず群馬県や岡山県にもみられ、その他の地域と規模の上で大きな差があったことがわかる。分布の北限は、岩手県奥州市角塚古墳、南限は鹿児島県肝付町塚崎古墳群にあり、宮城県名取市雷神山古墳では170メートル、鹿児島県東串良町唐仁大塚古墳では140メ

ートルと、分布の南北限界域に大型墳
があることに古墳造営の意味を読み取
ることができる。朝鮮半島栄山江流域
にも、前方後円形の墳丘をもつ古墳が
数多く確認され、墳形以外にも円筒埴
輪、石室など日本の古墳文化の影響が
明らかになってきている。背景には、
鉄資源確保など朝鮮半島南部地域との
結びつきが考えられ、414年に建てら
れた好太王碑文の中にも高句麗が倭の
援助をうけた百済を攻め、倭の侵略を

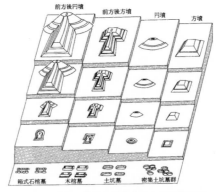

図1-14　古墳の規模と墳形からみる階層構造
（日本第四紀学会ほか編 1992：157）

うけた新羅を助けるため倭と戦うなどの記事との関連がうかがえる。また、古墳
の副葬品に馬具が盛んにみられるようになるのは、高句麗との戦いなど騎馬技術
との接触を契機とするものと考えられてきている。さらに百済伽耶地域との交流
や渡来人による進んだ鉄器や須恵器生産、機織、金属工芸、土木などの技術を受
け入れるとともに漢字の利用が始まり、埼玉県行田市稲荷山古墳出土の金錯銘鉄
剣はその代表である。古墳を造営する豪族層は、生活やまつりごとの場として、
群馬県高崎市三ツ寺Ⅰ遺跡のように周囲を環濠でめぐらせた内部に掘立柱建物に
よる館、倉、竪穴住居で構成される居館を造営していたこともわかってきている。

第3節　古墳文化と埴輪の起源

　『日本書紀』垂仁天皇28年と同32年には、古墳に樹立する埴輪についての記
載がみえる。天皇の弟である倭彦命が死に、近くに仕えていた者を墓のかたわ
らに生きながらにして埋め、昼夜うめき泣き叫び、やがて死んだものを犬や鳥が
むさぼっていた。その声を聞いた天皇は、皇后である日葉酢媛命の死に際し、
群臣に意見を求め、土師氏の祖である野見宿禰に「埴を取り、人、馬および種々
の物の形をつくり」それを「生きる人にかえて陵墓に樹て、この土物をなづけて
埴輪」とさせた。これが埴輪の起源と考えられてきた。しかし、考古学調査から
は、弥生時代後期に吉備地方で有力首長の墳丘墓に供えられた特殊壺を載せる特
殊器台が埴輪のなかで最も早く出現し、前期後半に家形埴輪、器財埴輪、その後

人物埴輪や動物埴輪などの形象埴輪が、古墳時代の後期である6世紀に採用されたものと考えられるようになってきている。

第4節　半島文化と古墳の変容

　人々は竪穴住居に住み、倉庫と共に集落を構成した。5世紀には、新たにつくりつけのカマドが住居内部に敷設され、弥生土器の系譜をひく土師器のほかに、登窯で焼かれる硬質な焼き物である須恵器が広く使われるようになる。

　6世紀の古墳時代後期になると古墳に大きな変化がみとめられる。朝鮮半島と共通する横穴式石室が採用され、追葬（ついそう）が可能となり、新しい葬送儀礼にともなう須恵器の多量副葬がみられるようになる。また、畿内に匹敵する勢力である吉備地方で巨大古墳が造営されなくなるなどの変化がうかがえるとともに、小型古墳の増加と群集化が認められる。首長層のみならず従来古墳を造営しなかった有力者層まで直接的にヤマト王権下に組み込まれた可能性があり、王権内部の性格変化がうかがわれる。さらに従来の連合的な関係から各地の豪族を従属させ、国造を設置するなどの服属化の傾向がみられる。このことに関連して、『日本書紀』に筑紫国造磐井の乱（つくしのくにのみやつこいわい）のほか（第2部古代篇　第2章 p.38 を参照）、吉備や武蔵で大王権力の拡大に対する地方豪族の抵抗の記載が認められる。

　6世紀末から7世紀初めになると、各地域で一斉に前方後円墳の造営を終え、それが同時期となることから、王権による強い規制がうかがわれている。その後も、大型方墳・円墳の造営がおよそ100年間継続され、これらの古墳は、終末期古墳と呼ばれている。7世紀中頃になると、近畿では大王の墓に八角墳が採用されるものの、多くの有力首長層において古墳の造営は徐々に認められなくなる。これらのことは、東アジアの国際情勢の大きな変化に対応して急速に中央集権化をめざしていく、「国家」としてのわが国の動向と軌を一にするものである。

　徳川御三家となる水戸家二代領主光圀（水戸黄門）は、自領である下野国那須郡
みつくに　　　　　　　　　　　　　　　　　　　　　　　　　　　　　　　しもつけのくになすぐん
巡村を案内した名主大金重貞より、みずから著した『那須記』を献上される。そこ
おおがねしげさだ
には隣村となる湯津上村から発見された石碑に刻まれた「永昌元年」（唐「周」と
新羅の年号・西暦689年）書き出しの那須国造に関わる碑文が記されていた。光
圀は「本邦の碑、これより古なるはなし」として、『大日本史』編纂を進める彰考
しょうこう
館総裁である佐々介三郎宗淳に、碑主の解明と後世に不朽に伝えることを厳命した。
かん　　　　　さっさすけさぶろうむねきよ

　石碑は地元八溝山地の基盤岩である花崗岩（黒御影）を方柱状にして笠石をのせ
る形状から「笠石」と呼ばれ、一行19字詰め8行の152文字の碑文が整然と刻
かさいし
まれている。現在の研究で碑主は那須直韋提と考えられ、前三行は「序」として故
なすのあたいいで
人の官歴と庚子（700年）の死去、後五行は「銘」として、意斯麻呂ら碑の建立
おしまろ
者が故人の遺志継承を漢籍により脚韻を意識し讃えている。石碑の建立や年号、高
度な文字使用には新羅など渡来人の影響が考えられている。

　1692（元禄14）年から1693（元禄15）年にかけ、宗淳が光圀の命を重貞に
しげさだ
指示するかたちで現地調査が実施された（元禄期の学
問については、第4部近世篇　第4章p.111を参照）。
碑文の解読に始まり、石碑の下部や国造の墓と伝えら
れている下侍塚古墳（前方後方墳・84メートル）・
上侍塚古墳（前方後方墳・114メートル）の発掘に
も及んだ。碑主を解明する遺物は得られなかったもの
の鏡や石釧、鉄鏃などが出土し、調査経緯と出土品の
いしくしろ
記録から、江戸時代にさかのぼるわが国初めての発掘
調査であることがわかる。そればかりか、
出土品を各古墳へ埋め戻し、崩壊を防ぐた
め松を植樹するとともに石碑周辺は敷石の
上、碑堂を造り、管理人まで置いている。
那須国造碑は、国宝（古文書）として「日
本三古碑」に数えられ、現在も笠石神社の
御神体として祀られている。また、上、下
侍塚古墳も国指定史跡としてその姿をとど
め、光圀の偉業を伝えている（写真1-5）。

写真1-5　上：徳川光圀により解読され
た那須国造碑（笠石神社所蔵）／下：
発掘された下侍塚古墳（大田原市教育
委員会所蔵）

第 5 章

仏教の公伝と中央集権国家の成立

第1節　三宝の興隆と寺院造営

　仏教は百済聖明王によって538年に、わが国に伝えられたことが『元興寺伽藍縁起并流記資財帳』に記されている。しかし、そこには東アジア的国際秩序や文化の導入という一面も読み取ることができる（当時の国際情勢と推古朝の動向については、第2部古代篇　第2章 pp.38-39 を参照）。渡来人との関係が深い蘇我氏は仏教受容を積極的に進め、受け入れをためらう物部氏など旧来の豪族たちと激しく対立した。厩戸王を味方につけた蘇我馬子は物部守屋を戦いにより打ち破り、王権内での権力を拡大させた。594年には仏法僧の三宝の興隆が詔され、624年には畿内を中心に46寺、僧侶816人、尼僧569人を数えるに至った。わが国最初の本格寺院である法興寺（飛鳥寺）は、588年に百済から仏舎利や僧のほか寺工、鑪盤博士、瓦博士、画工ら造営技術者が送られたことを契機に、蘇我馬子によって造営された。さらに、高句麗僧慧慈や百済僧慧聡のほか渡来系工人の鞍作鳥が造仏工に任じられ、それにともない高句麗嬰陽王から金三百両が贈られている。

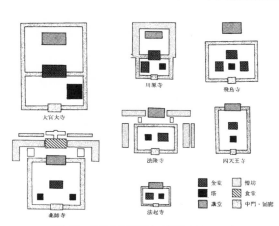

図1-15　寺院の伽藍配置（森編 2002：267）

「一塔三金堂」となる伽藍配置にも高句麗清岩里廃寺との類似が指摘され、東アジア的な知識と技術の結集がうかがえる（図1-15）。
　また、塔心礎舎利孔そばには硬玉、碧玉、メノウ、水晶、銀、ガラスなどの玉類、金環、金銀延板や小玉、馬鈴、挂甲が埋納され、古墳時代の副葬品と共通する日本的要素も認

められる。

　639 年、百済川のほとりに百済宮とともに初めての官寺となる百済大寺が造営された。発掘調査によって奈良県桜井市の吉備池廃寺跡が比定され、回廊に囲まれた東西に金堂と塔、塔は一辺 30 メートルの九重塔と考えられる巨大な伽藍であったと想定される。百済大寺は 673（天武 2）年に高市の地に遷し、677（天武 6）年に大官大寺と改称・移築され、その後平城京で大安寺として護国仏教を象徴する寺院に位置づけられた。7 世紀中頃以降、寺院造営は畿内のみならず地方にも広がり、『扶桑略記』には 692（持統 6）年、諸国に 545 か所あったことが記されている。仏教により国家は安泰と守護をはかり、個人は一族の現世利益、死後浄土、祖霊信仰を行い、その中心となる場が寺院であった。このことから、寺院は古墳にかわるモニュメントとして受け入れられやすかったものと考えられる。

　推古朝には、飛鳥地域に王宮がつぎつぎと営まれ、宮都としての姿が整いはじめる。『日本書紀』に残る、隋使や新羅使を迎えた儀式の記述から、小墾田宮では南の門を入ると朝庭と呼ばれる広場、その左右に南北に長い建物である庁（朝堂）が並び、朝庭の北には大きな門とその奥に大王のための大殿の存在がうかがえ、のちの宮殿の基本構造が成立していたことがわかる。

第 2 節　中央集権国家の胎動

　中国では、589 年に隋、618 年に唐により充実した国家体制が整えられ、7 世紀前半に西域諸国、その後高句麗遠征など朝鮮半島周辺へと圧力が及ぶことになった。国家存亡の危機に直面した日本は、いち早く中央集権国家を構築することになった。有力な皇位継承候補者である中大兄皇子や蘇我倉山田石川麻呂、中臣（藤原）鎌足らは、645（大化元）年、蘇我入鹿・蝦夷を滅ぼし、この政変は乙巳の変と呼ばれる。その後、即位した孝徳天皇が都を移した難波長柄豊碕宮では、中央に大きく開けた朝庭と 16 棟の左右対称の朝堂院区画の造営が発掘調査によって明らかとなり、藤原宮、平城宮の原型となったものと考えられる（図 1-16）。

　また、この時期に置かれた地方行政組織である「評」は、国 造が支配していた土地の分割、再編によって設置されたもので、その長である 評司には国造など古墳時代以来の在地豪族があたった。評段階の役所と考えられる施設が発見され、後の郡に引き継がれることがわかっている（第 2 部古代篇　第 3 章 p.43 参照）。

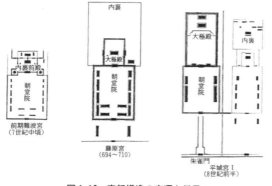

図1-16 宮都構造の変遷と継承
（日本第四紀学会ほか編 1992：198）

国家は地域内の豪族層の支配権を脅かすことなく直接的な編成を進め、日本独自の中央集権による国家体制を形成していった。このような中央と地方の支配施設における新たな展開の背景に、「大化改新」と呼ばれる政治的な変革を読み取ることができる。

　朝鮮半島では、唐と結んだ新羅が百済の首都をおとしいれ、その再興のため斉明天皇は661（斉明7）年に兵を向けたが、663（天智2）年の白村江の戦いにおいて唐・新羅の水軍に大敗した。唐の律令軍制によって統率された軍勢との圧倒的な差の認識が中央集権国家体制推進のきっかけともなっている。664（天智3）年には対馬、壱岐、筑紫に防人と烽を、対馬から畿内にかけては朝鮮式山城を防衛のため築いた。その後、直接的な唐との交渉は、702（大宝2）年の渡唐まで途絶え、半島からの多くの渡来人を受け入れるなか、特に百済の王族は中央に、高句麗・新羅人は東国に配置され、律令国家の形成とともに技術や文化の普及に重要な役割をはたした。天智天皇は大津へ遷都し、中央集権化を進めたが、その死後となる672（天武元）年に大友皇子と大海人皇子の間で皇位継承をめぐる壬申の乱が起こった（第2部古代篇 第3章 p.42を参照）。交通路や関をおさえ、東国軍勢と結びついた天武天皇（大海人皇子）が勝利し、都を飛鳥浄御原として、天皇の権威を一段と高めた。その後、国史や律令の編纂、天皇号の使用、銭貨（富本銭）鋳造、諸国の境界画定、寺院造営を奨励し、恒久的な宮都造営にも着手した。それを引き継いだ持統天皇は、694年に藤原京に、さらに元明天皇は710（和銅3）年に平城京に遷都した。

第3節　律令国家と地方支配

　701（大宝元）年には、唐や朝鮮三国にならい日本で編纂した大宝律令が制定された。翌年には遣唐使が再開され、「日本」国号の使用が認められ、中国を頂点とする東アジア世界のなかで、国家的な交渉を絶やさずに独自な権威を保持する「小中華思想」と呼ばれる世界観の形成をはかった（第2部古代篇　第3章 p.43を参照）。全国は畿内七道に区分され、地方には行政組織として国・郡・里がおかれた。また、交通制度として畿内から東山道や東海道などの七道が諸国府に伸びる駅路が整備され、約16キロメートルごとに置かれた駅家は馬の乗り換えや休息、宿泊に用いられた。地方では郡衙間などを結ぶ伝路も設置された。諸国には中央から国司を派遣し、政庁と東西の脇殿に囲まれた広場を設けるなど宮都を模した国府が支配の拠点となった。郡司には、国造など古墳時代以来の地方豪族を登用して、郡衙を中心に支配を行った。しかし、大領や少領など複数任命される郡司には、異なる氏族が登用されるなど本拠地や地域内事情に応じて独自かつ多様な対応が求められた。このことから、郡内には複数の官衙遺跡の存在したことが最近の発掘調査によって明らかになっている。また、国家がめざした「小中華思想」によって、支配領域の拡大と未服従者の帰属が重視され、陸奥・出羽国における蝦夷と薩摩・日向国における隼人と呼ばれる人々を支配下に組み入れるため、多賀城跡と大宰府を拠点として諸施策がはかられ、反乱には兵士を差し向ける征夷が行われた（第2部古代篇　第4章 p.49を参照）。

（眞保　昌弘）

Column 1-5　国分寺建立の歴史的意義

　奈良時代のはじめ、西日本全土を覆った天然痘の流行は東日本へも拡大し、当時の人口の３分の１が死亡したと推定される。それを遠因とした740（天平12）年の「藤原広嗣の乱」にはじまる政治的混乱（第２部古代篇　第３章 p.45 を参照）に、聖武天皇は光明皇后とともに741（天平13）年に国分寺の建立を詔し、仏教の鎮護国家思想にもとづき国家の守護と社会の安泰を図ろうとした。

　国分寺は唐の官寺制度を範として建てられ、各国国府近傍の高燥の地に、人里との適度な距離を隔てて国分僧寺・国分尼寺が造営された。各国に七重塔を建立し、あわせて金光明最勝王経、妙法蓮華経各一部を写させ、天皇発願の金字金光明最勝王経１部をおさめた。僧20名の金光明四天王護国之寺（僧寺）は東大寺を総国分寺に、尼10名の法華滅罪之寺（尼寺）は、法華寺が総国分尼寺に定められた。747（天平19）年には、造営が順調に進まないことから、責任者である国司の怠慢が指摘され、経済力のある郡司層の参画を命じている。また、756（天平勝宝8）年には、次年となる聖武天皇一周忌を期限として釈迦像、金堂の完成、余力があれば塔建設が督促され、国家が造営に積極的にテコ入れをしていることがわかる。

　国分寺の伽藍配置には、塔が回廊内に入るものや東大寺式の双塔どちらか一方を省略したものなどがある。また、造営計画の中心が金堂となるもの、塔となるもの、それが変更されたものがみられ、短期間で変遷した国家の仏教政策と深く関わる可能性が指摘されている。さらに伽藍周辺の寺院運営施設からは諸国の造営計画や組織編成がまちまちであったこともわかってきている。

　国分寺の造営期は、新たな技術の導入により在地生産の再編が行われるなど、各国における手工業生産の大きな画期として位置づけられている。考古学で取り扱う資料には、実年代を示す文字史料が少なく、特に地方においてその傾向が強い。しかし、各地で741（天平13）年を契機とした国分寺造営にともなう生産活動の展開は、考古学の対象となる遺跡や遺物に絶対的年代をもたらすことになり、地方の歴史解明に大きな役割を果たしている（図1-17）。

図1-17　国分僧寺・国分尼寺の様子（下野国分寺）（下野市教育委員会所蔵）

参考文献

大津透・桜井英治・藤井讓治・吉田裕・李成市編『岩波講座　日本歴史　第1巻　原始・古代1』（岩波
　　書店、2013年）

佐原真・ウェルナー・シュタインハウス監修、奈良文化財研究所編集『ドイツ展記念概説　日本の考古
　　学（上巻）』（学生社、2007年）

佐原真・ウェルナー・シュタインハウス監修、奈良文化財研究所編集『ドイツ展記念概説　日本の考古
　　学（下巻）』（学生社、2007年）

佐藤信『日本古代の歴史6　列島の古代』（吉川弘文館、2019年）

田中琢・佐原真『日本考古学事典』（三省堂、2002年）

日本考古学協会編『日本考古学・最前線』（雄山閣、2018年）

ブックガイド

濱田耕作『考古学入門』（創元社、1948年；講談社学術文庫、1976年再版）……日本で最初の
　　考古学講座を京都大学で開設した著者が、いまだ馴染みの薄かった考古学の定義、対象、見
　　方、考え方を誌上の考古学博物館を巡回しながら解説したもの。イラストの多くが著者の手
　　によるもので入門書として必読。

楠本政助『縄文人の知恵にいどむ』（筑摩書房、1976年）……縄文時代の貝塚から出土する鹿
　　角製釣針の再現をとおして、原始社会の技術と文化の高さに驚かされた実験考古学者による
　　著書。考古学の学びが、現地や現物を実際に触れるところから始まることを教えてくれる。

白石太一郎『考古学と古代史の間』（筑摩書房、2004年）……3世紀の倭人社会を経て出現する
　　古墳、さらに古代国家の形成という歴史の潮流を、遺跡や遺物という寡黙な資料を対象とす
　　る考古学と、文字という雄弁な史料を対象とする古代史を協業させながら、解き明かしている。

🌳 国特別史跡 原の辻遺跡（長崎県壱岐市）

　壱岐市南東の幡鋒川流域にある弥生時代中期から後期にかけての環濠集落跡である。三重の環濠に囲まれる集落域は東西約350m、南北約750m、24haに及ぶ。内部には、掘立柱建物が集中する祭祀遺構の一部や多くの竪穴住居跡から居住域が確認され、壕の内外からは墓地がみつかっている。遺物としては、土器や石器のほか中国の貨幣である貨泉や五銖銭をはじめ三翼鏃、

（壱岐市教育委員会提供）

棹秤に用いる錘状の遺物も出土し、大陸半島との交流をよく示している。「魏志倭人伝」に記された「一支国」の中心的な集落跡と考えられ、2000（平成12）年に国特別史跡に指定される。現在、物見櫓をはじめ17棟の建物が復元され、遺跡隣接地には、調査成果や復元整備の歴史を紹介する原の辻一支国王都復元公園（原の辻ガイダンス）が併設されている。

📍**所在地**　長崎県壱岐市芦辺町（原の辻一支国王都復元公園内）・石田町／（以下は芦辺町復元公園）
開園時間 9：00〜17：00／**入園料** 無料／**アクセス** 印通寺港・芦辺港から車で約10分
HP 壱岐観光ナビ　https://www.ikikankou.com/spot/10096

🌳 国指定史跡 埼玉古墳群（埼玉県行田市）

　関東平野の中央、利根川と荒川に挟まれた低台地上に位置する。5世紀末から7世紀中頃にかけて築造された前方後円墳8基と円墳1基からなり、周辺は、「さきたま風土記の丘」として40ha近くが整備されている。稲荷山古墳（前方後円・120m）から出土した金錯銘鉄剣（国宝）は、書き出しの「辛亥」年が471年とみられ、乎獲居の上祖である意富比垝に始まる八代の系譜と乎獲居が「杖刀人首」として雄略天皇と推定される獲加多支鹵大王を助けたことを記

（埼玉県立さきたま史跡の博物館提供）

している。隣接する埼玉県立さきたま史跡の博物館には、金錯銘鉄剣のほか古墳副葬品や埴輪が数多く展示されている。

📍**所在地** 埼玉県行田市埼玉4834 埼玉県立さきたま史跡の博物館／**開館時間** 9：00〜16：30（入館受付は16：00まで）／**入館料** 200円（学生100円）／**アクセス** JR行田駅からバスで約15分、徒歩2分
HP 埼玉県立さきたま史跡の博物館　http://www.sakitama-muse.spec.ed.jp/

ユーラシア・ネットワークが切り結ぶ古代社会

■概　観

　文字に表された史料（文献）から、日本列島に初めて国家が形成される時代をみてい
こう。この時代を考える際に、ユーラシア・ネットワークで結ばれる異域・異国を意識
しておく必要がある。ユーラシア・ネットワークとは、近代以前のユーラシア大陸で繰
り広げられた「大陸ネットワーク」（①草原の道：騎馬遊牧民族の世界・②シルクロー
ド：砂漠とオアシスを結んで、駱駝などの隊商交易〈イラン系ソグド人〉でつながる世
界）と「海洋ネットワーク」（③海の道：インド洋と南シナ海を結び港市国家によって
つながる世界）の総称である。この東西の両端に強大な国家が形成されると、ネットワ
ークが活性化され、交流が盛んになる。

　最初の画期が、紀元前1世紀から紀元2世紀で、東に秦・漢帝国、西にローマ帝国
ができた時期である。この時期に、日本列島ではゆるやかに採集経済から稲作などによ
る生産経済への転換が行われた。縄文文化から弥生文化への移行である。生産経済への
転換に欠かせなかった稲作や金属器を日本列島に伝えたのは、大陸や半島から移動して
きた人々であった。

　やがて中国が分裂すると、ネットワークは弱体化し、地域ごとに多様な秩序が形成さ
れていった。東アジアでは、三国や魏晋南北朝を中心とした国際秩序がつくられ、倭も
そのなかでの地位を求めて通信・交流した。3世紀の邪馬台国の卑弥呼、5世紀の倭の
五王、6世紀のヤマト王権の大陸・半島への遣使と交流は、このような国際情勢に対応
するものであった。

　7世紀末から8世紀にかけて、隋・唐が中国大陸を統一すると、ユーラシア・ネッ
トワークは再び活気を帯びはじめる。ネットワークの極東に位置する倭では、変動する
国際社会に対応するために、積極的に律令体制を継受して、国号も日本と改めた。701
年大宝律令の制定は、古代国家成立の大きな画期となった。

　9世紀になるとネットワークは緩み、外交使節としての遣唐使は途絶する。しかし、
東アジア世界では唐物に代表されるような多様な交流が展開された。10世紀以降には、
律令制に基づく天皇と太政官による統治システム、土地や人民の掌握方法も大きく変質
して、独自の政治形態や在地支配が行われるようになる。摂関政治や院政と呼ばれる政
治形態もそのひとつである。古代国家は大きく展開し、中世的な社会へと移行していく。

　律令体制と同時に導入された都城制によって、平城京が造営された時代を奈良時代と
呼ぶ。また、784年に長岡京、794年に平安京に都が移されてから、平安京（京都）
は1868年東京奠都するまで首都として君臨するが、時代区分としては、武家政権が

誕生するまでを平安時代とし、古代の範疇として考えたい。

年　表

年　号	できごと
BC1 世紀	倭人の記述が、中国の史書『漢書』に初めてみえる
AD57	後漢・光武帝に朝貢し、「漢委奴国王」の印綬を授かる
239	邪馬台国の卑弥呼が魏へ朝貢し、「親魏倭王」と称される
399	広開土王碑に、倭が新羅に侵入したことが記される
478	南朝の宋に、倭王武（「獲加多支鹵大王」か）が朝貢する
527	筑紫君・磐井が新羅と結び、ヤマト王権に背く（磐井の乱）
587	厩戸皇子、蘇我馬子らと物部守屋らを滅ぼす（物部合戦）
604	冠位十二階、憲法十七条が定まる
645	乙巳の変が起きる。大王皇極、生前退位する
663	百済救援のため、倭軍が新羅・唐に大敗する（白村江の戦い）
672	大海人皇子、近江朝廷を滅ぼし皇位につく（壬申の乱）
701（大宝元）	大宝律令が施行される。翌年遣唐使が再開
729（天平元）	長屋王一家が滅ぼされる（長屋王の変）
740-750	藤原広嗣の乱。東国行幸、その後遷都相次ぐ（彷徨5年）
764（天平宝字8）	藤原仲麻呂が破れ、淳仁天皇が廃位。称徳天皇が重祚（仲麻呂の乱）
784-794	山背遷都（784年長岡京・794年平安京）
810（弘仁元）	平城上皇が遷都と復位を企てるが阻止される（平城上皇の変）
842（承和9）	皇太子恒貞が廃されて、仁明皇子の道康が立てられる（承和の変）
866（貞観8）	応天門が焼失し、伴善男らが配流になる（応天門の変）
901（昌泰4）	菅原道真、謀反の疑いで大宰府に配流（昌泰の変）
935-940	東国で平将門が、西国で藤原純友が反乱を起こす（天慶の乱）
1019（寛仁3）	女真族が壱岐・対馬等に襲来し、緊張高まる（刀伊の入寇）
1086（応徳3）	白河上皇が院政を始める（院政の開始）

第1章

ユーラシア・ネットワークの形成と倭

(紀元前1〜5世紀)

第1節　秦・漢帝国の統一とユーラシア・ネットワークの形成

　紀元前2世紀頃、ユーラシア大陸の東西のネットワークが陸と海洋の双方でつながった。これは、秦（BC221 始皇帝による統一）・漢（BC202 項羽との激闘に勝利して劉邦が統一）帝国が出現したことによる。漢帝国は拡大路線をとり、東方では朝鮮四郡（臨屯・真番・玄菟・楽浪）を、南方では南海九郡（南海・交趾・日南など）を設置した。これを契機に大陸や半島から移住した人々が、日本列島に稲作と金属器に代表される先進技術と文化をもたらした。その結果、日本列島では採集経済を主とする縄文文化から、生産経済を基盤とする弥生文化へ緩やかな移行がなされた（第1部原始・考古篇 第3章 p.14 を参照）。このようにユーラシア・ネットワークの形成が、東端にある日本列島に影響を及ぼしたと考えることができる。

　紀元1世紀には、幾多の混乱を経て、後漢・光武帝によって東アジア秩序が再建された。中国の史書『後漢書』東夷伝には、57年に倭から使節が派遣されて「漢委奴国王」の印綬を授けたと記されている。遣使を通じて、日本列島がユー

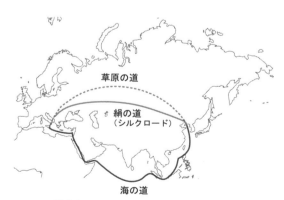

図 2-1　ユーラシア・ネットワーク概念図

ラシア・ネットワークと密接にかかわって
いるのである（図2-1）。

第2節　三国鼎立と邪馬台国の卑弥呼

図2-2　3世紀の東アジア

　2世紀になると、中国大陸は分裂期には
いる。後漢末期の184年には、黄巾の乱が
起こり、政情は不安定となった。189年に
は、董卓が皇帝を廃し、献帝を擁立し、翌
190年に長安に遷都したが、192年には呂
布が董卓を殺し、政局は混迷を極めた。その献帝を迎えいれた曹操は、213年に
魏公、さらに216年に魏王に封され、220年には息子の曹丕が魏（洛陽）を建国
した。近年、中国河南省安陽市の墳墓から「魏武王常所用挌虎大戟」と記された
石碑が出土したことから、「曹操高陵」と認定された。208年に赤壁の戦いで曹
操と対峙した劉備は、221年に蜀漢（成都）を、孫権はその翌年に呉（建業）を
建国し、三国鼎立（三国時代）となった（図2-2）。
　北伐を続けて魏と対立してきた蜀の宰相・諸葛孔明が、234年の五丈原の戦い
で死去すると、南方に心配のなくなった魏が北伐を開始した。238年に司馬懿が、
遼東にて公孫淵を倒す。翌年には倭の邪馬台国の卑弥呼が魏へ使節を遣わし、魏
王の冊封を受けて「親魏倭王」の印綬を授かったことが、『三国志』「魏志倭人
伝」にみえる。卑弥呼は、中国大陸の情勢に敏感に反応して、外交を公孫氏から
魏へ切り替えた。その後も遣使を続けて、中国の魏を背景に、倭における優位を
保とうとした（第1部原始・考古篇 **Column 1-3** p.18を参照）。
　これ以前に、玄界灘に浮かぶ壱岐の原の辻遺跡（「おすすめ史跡紹介」p.30参照）
では、列島系、半島系、中国系の遺物が、また九州では、糸島市の三雲遺跡から
大陸系の楽浪土器が出土する。これら壱岐・糸島半島などが、多地域間交易の拠
点となって、大陸や半島との交易圏が形成されていたことが知られる（図2-3）。
　しかし、卑弥呼の時代には、博多湾一帯に交易が一元化される。その背景に、
卑弥呼らによる魏へ遣使が、公孫氏亡き後も楽浪郡（のちには帯方郡）を窓口に、
朝鮮半島西側の馬韓系諸国と博多湾一帯との交通を前提としていたことが考えら
れる。265年に司馬炎が晋（西晋）を建国すると、直後の266年には倭の女王壱

与（臺與）が西晋に遣使している。その後、倭国の消息は途絶える。

第3節　沈黙の4世紀

　4世紀にはいり、313年に楽浪郡・帯方郡が滅亡して高句麗が南下を始めると、博多湾を核として大陸と西日本に形成された交易圏は終焉する。近畿に拠点を築いたヤマト王権が沖ノ島にみられるような新たな交易網を構築しはじめるが、文字史料からそれを裏付けることは難しい。朝鮮半島では、中国北朝との貢朝（こうちょう）関係を維持しつつ国力を充実させた高句麗と、江南の東晋（とうしん）をはじめとする南朝諸国との関係を背景にする百済が激しく対立した。このような情勢下で、ヤマト王権は半島南部の加耶（かや）諸国との関係を深めた（図2-4）。加耶諸国はかつて弁辰（べんしん）といわれた鉄の産地であり、ヤマト王権は積極的に鉄資源を確保しようとした。倭国内においては、地域の首長クラスに鉄資源や先進文化を再分配して、急速に政治的求心力を集めていった。4世紀を通じて前方後円墳が日本列島各地に広がっていくのは、このことを端的に物語っている（第1部原始・考古篇　第4章 p.19を参照）。

　このように、初期段階においては「地域の王」に過ぎなかったヤマト王権が、交易や外交を通じて確保した先進技術や鉄資源の再分配を通して、日本各地の支配と統治を可能にする政治構造を構築し、大陸や半島を背景に「盟主」としていだかれるようになっていったと考えられる。「百舌鳥（もず）・古市（ふるいち）古墳群」のような巨大古墳が築かれるようになるのは、そうした勢力を反映したものであろう。

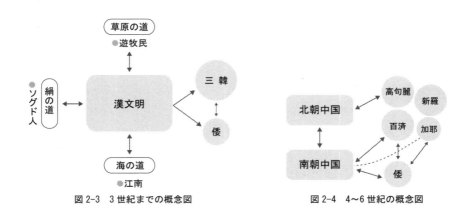

図2-3　3世紀までの概念図　　　　　図2-4　4〜6世紀の概念図

　ユーラシア・ネットワークの東端に位置する朝鮮半島は、4世紀以降、高句麗・百済・新羅そして加耶諸国に分かれて覇権を争っていた。7世紀になって、中国大陸に隋、さらに唐と強大な統一国家が出現すると、それぞれ中央集権化をめざして古代国家の樹立を急いだ。倭国でも、645年の乙巳の変はこのような国際情勢と古代国家樹立を模索するなかで起きた事件ということができる。

　加耶諸国は朝鮮半島の南部、洛東江流域に広がっていたと考えられる。『三国遺事』によれば、紀元1世紀に金首露が建国したと伝えられ、金海市には首露陵とされる円墳が残る。また周辺には、木棺や木槨をもつ大成洞古墳群（大成洞古墳博物館）や金海式土器の命名の地となった会峴里貝塚、鳳凰台住居跡、亀旨峰伝説地には国立金海博物館が設置され、加耶地域の出土品を一堂に会している。加耶は562年に滅亡し、新羅に併合された。

　新羅は、現在の慶尚道を中心とする古代国家で、紀元前1世紀に建国したという伝承をもち、676年に朝鮮半島を統一、935年に最後の敬順王が高麗に帰順して滅亡するまで1000年近く存続した。6世紀には国号と王号を使用しはじめ、仏教を公認し、加耶諸国を併合するなど国力を充実させた。632年には初めての女王である善徳女王を擁立した。真徳女王、真聖女王と三代の女王を輩出したことも留意される。慶州は、北川・南川・兄山江に囲まれた盆地の平野部分に広がり、世界遺産に登録された多くの文化財を有する美しい都である。王城であった月城を中心に、瞻星台や古墳群の大陵苑、皇龍寺跡、芬皇寺、四天王寺跡等が残る。盆地を取り囲むように四方に山城がつくられ、現在石垣の一部が発見された明活山城が復元されている（写真2-1）。ここは善徳女王に反旗を翻した毗曇が立て籠った拠点である。南山地区には寺院跡・石仏・石塔が多く残されており、聖地であったことが知られる。仏国寺は、新羅における仏教公認翌年の創建と伝えられるが、陀羅尼経は751年以前に釈迦塔に納入されたと考えられ、現存最古の印刷物とされる。吐含山山頂には石窟庵が営まれ、本尊の石仏が有名で、ともに世界遺産に登録されている。

写真 2-1　明活山城石垣（韓国・慶州市）

第2章

東アジアの激動と古代国家の形成

(5〜7世紀)

第1節　東アジアと倭国の交流

　5世紀になり、超絶した巨大古墳を築造することができるようになったヤマト王権の盟主は、埼玉県稲荷山古墳出土の鉄剣銘にみえる「大王」という呼称を使いはじめ、7世紀末に「天皇」号が成立するまで用いられた。この時期、倭国は、東晋や宋など江南に勢力をもつ中国南朝へ頻繁に朝貢したことが、中国の史書にみえる（図2-4）。420年に東晋より禅譲されて建国した宋への遣使は、421年から478年までの半世紀の間に7回を数える。遣使の主体はヤマト王権で、いわゆる倭の五王（讃・珍・済・興・武）である。大王を頂点とする倭国の政治秩序と東アジアにおける倭国の社会的地位を、中国皇帝に保証してもらうことを主な目的にしたと考えられる。

　6世紀になると、ヤマト王権は国内統治のために氏姓制度、部民制、国造制、屯倉制など政治制度を整備した。氏姓制度とは、地縁的・血縁的な集団を「氏」という単位で掌握し、「氏の名」とともに、ヤマト王権への奉仕の内実に照らし合わせて「姓」を授けるものである。中央豪族をはじめとする地方豪族を擬制的な関係で取り結ぶことに功を奏した。部民制とは、5世紀の稲荷山古墳出土の鉄剣銘にみえる「杖刀人」などのヒト制を前提にして成立したと考えられ、大王・王族や有力豪族が、人民（名代子代・職業部・部曲）と土地（屯倉・田荘）を分有する制度である。氏姓制度と部民制の成立によって、大王は人民や経営拠点を体系的に掌握することが可能になった。

　国造とは、ヤマト王権への服属を前提に、行政単位としての国の行政・祭祀・軍事権などを認められた地方首長のことである。国造は、大王と君臣関係を築き、地方行政の一翼を担う一方で、一族から采女や舎人を貢進した。

　屯倉は、527年筑紫君・磐井の乱（第1部原始・考古篇　第4章 p.22を参照）をひとつの契機として、整備されたと考えられるヤマト王権の重要な経営拠点である。

交通や物流の要衝に置かれ、地方支配の安定化と王族の家産形成に大きく貢献した。

　国内支配が安定していく一方で、朝鮮半島における倭国の勢力は衰退していった。新羅は、農業生産力を安定化させ、南朝との交通からいち早く仏教を公認し、支配機構の形成に尽力したことによって、智証王・法興王・真興王の時代に急成長した。加耶諸国は、ヤマト王権との関係を背景に百済や新羅と対峙し独立をまもってきたが、562年に大伽耶国が新羅に併合されて消滅した。これによって、ヤマト王権は外交方針の転換を余儀なくされた。570年には長年対立してきた高句麗と通交し、新羅を牽制したい百済とは仏教や儒教を介してより親交を深めていった。

第2節　隋の中国統一と推古朝

　大王欽明は、王統の強化のために積極的に近親婚を進めた。その結果、有力な皇子宮の紐帯が生まれ、敏達・用明・崇峻・推古と欽明の子たちが相次いで大王位についた。皇子宮とは、有力な王族を中心に同母兄弟が居住・経営主体となった宮のことで、そこは豪族たちの貢納と仕奉の場でもあった。用明系王族の一人である厩戸皇子が主体となった上宮王家が有名である。一方で、朝鮮半島における高句麗・百済・新羅の緊張関係に対応するために、対外関係に注力するだけでなく、仏教を受容し、渡来人を登用した（第1部原始・考古篇　第5章 p.24 を参照）。そのなかで力をつけていったのが蘇我氏であった。屯倉の経営や先進技術を有する渡来人の組織化を通してヤマト王権の財政をつかさどるようになり、欽明系王族と婚姻関係を結んで、国政に関与する中央豪族の大夫に加わった（図2-5）。

　大王用明の死後、大王位についた崇峻が暗殺されると、用明の同母姉妹で、敏達の大后であった推古が即位する。日本史上最初の女帝である。近代になって法的に否定されるまで、女帝は10代8人（推古・皇極＝斉明、持統、元明、元正、孝謙＝称徳、明正、後桜町）を数える。

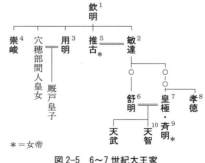

図2-5　6〜7世紀大王家

＊＝女帝

17世紀の明正天皇（第4部近世篇 第3章 p.105 参照）と18世紀の後桜町天皇を除くと、7～8世紀に集中しており、女帝の世紀だったともいえよう。大王推古の治世は、従来厩戸皇子の摂政、もしくは厩戸と蘇我馬子の二頭政治のように評価されてきたが、大王としての推古の主体性も評価されるようになってきている。この時期の大王は、その資質や政治的な業績によって、有力豪族からなる大夫の合議により推戴される。推戴された大王は、大夫層の貢納と仕奉を受けるため、その身分や利害を守らなければならなかった。女帝が輩出する背景には、血統を前提にしつつも大王としての資質が求められたことが考えられる。

　581年に楊堅が隋を建国し、開皇律令を制定して南北朝を統一すると、高句麗と百済は581年、新羅は594年に遣使を送った。倭国はようやく600年に最初の使いを遣わしたが、607年に至って初めて正式に国交が開かれた。遣隋使はこの後も継続され、進んだ政治や仏教を学ぶために留学生や留学僧が海を渡った。一方でその間に、冠位十二階が制定されて氏にとらわれない人材登用がめざされ、官人の教訓として十七条憲法が定められるなど国内政治も整備された。隋は首都大興城の建設や大運河の築造、数度にわたる高句麗遠征によって国力が疲弊し、618年李淵が唐を建てた。ちょうどその頃、厩戸や馬子、大王推古が相次いで没し、倭国は新たな危機に直面した。

第3節　唐の出現と乙巳の変

　唐が中国を統一したことによって、再びユーラシア・ネットワークが活性化する。この状況にいち早く対応したのは朝鮮三国である。高句麗はじめ百済・新羅はすぐに唐に朝貢し、それぞれ上柱国遼東郡王高麗王、帯方郡王、楽浪郡王に冊封された。倭国は、遅れて630年に大王舒明が最初の遣唐使を派遣し、ユーラシア・ネットワークの極東に地位を得た。唐が全土を統一すると対外的には積極策へ転向したことを受けて、周辺諸国は中央集権化が急務となった。高句麗では、643年に泉蓋蘇文がクーデターを起こし専制をしいた。百済では、641年以降義慈王が政界の刷新と軍事強化を図った。新羅は善徳女王・真徳女王のもとで、金春秋らが唐の制度を積極的に採用して中央集権化に成功した（図2-6）（第2部 *Column 2-1* p.37 参照）。

　倭国では、社会矛盾の解消や外交の方針をめぐって、中央政界でも対立が先鋭

化した。このなかで、643年11月に厩戸
亡きあと山背大兄王が率いていた上宮王家
が、蘇我氏らによって滅ぼされ、さらに
645年6月には乙巳の変が起きた。大王皇
極の前で、実力者の蘇我入鹿が中大兄皇子
と中臣鎌足らによって殺害された。翌日に
は父蘇我蝦夷が自害し、蘇我（本宗）家が
滅亡した（第1部原始・考古篇 第5章 p.25
参照）。

図2-6　7世紀の東アジア

　このあと、大王皇極から譲位をうけた大王孝徳が行った一連の国政改革を「大
化改新」という。改新の詔などにみえる国政改革の内実についての評価は、議
論が分かれる。倭国における中央集権化が、中国の支配システムである律令体制
の受容によって実現するまで、半世紀の時間を必要とした。大王孝徳は飛鳥を離
れて、内外の交通利便な難波長柄豊碕宮にて国政をとった。孝徳が没すると、飛
鳥にもどっていたかつての皇極が大王斉明として重祚した。また、この時期に、
阿倍比羅夫は日本海側を渟足柵から北上して蝦夷や粛慎と対峙し、支配領域の拡
大に努めた。

　1960〜70年代に東アジアシステム論が提唱され、中国を軸とする冊封体制が
前近代を通貫する概念として説明された。しかし、近年、中国北方・西方の遊牧
民族やソグド人の実態、または海を媒介に東アジアを超えた交易関係などが解明
されてくると、見直しを迫られるようになった。パミール高原までを視野に入れ
る（北）東部ユーラシア論や、海商によって繋がる東南アジアから西アジアを範
疇とする海域アジア史という考え方はそのなかで生まれた。また、韓国木簡の発
見によって日本と半島との関係についても新たな知見が加えられつつある。

　ヒトの移動についても、かつては「帰化人」として位置付けられてきたが、研
究の進展に伴い、「渡来人」と言い換えられるようになった。さらに、「帰化人」
「渡来人」も片道的な移動と日本列島での定住を前提としていることから、定住
を条件としない「移動する人々」とするべきだと考えられるようになっている。

第3章

古代国家の成立

(7～8世紀)

第1節　白村江の敗戦と壬申の乱

　ユーラシア・ネットワークの活性化は、ヒトとモノの交流を盛んにしたが、情報も迅速に伝わり、国際秩序に大きな影響をもたらした。高句麗と百済が連合して新羅を攻めると、新羅は唐と結び、660年に百済を、668年に高句麗を滅ぼし、三国統一を成し遂げた。百済再興のために、大王斉明は自ら軍を率いて西征したが、途中の筑紫朝倉宮で没した。渡海した倭軍も白村江の戦いで、唐と新羅連合軍に大敗し、中大兄皇子は称制のまま近江大津宮にて内政の充実に注力した（第1部原始・考古篇　第5章 p.26 参照）。

　朝鮮半島での戦乱から日本列島に逃れてきた人々の知識や技術を取り入れながら、最初の本格的な戸籍である庚午年籍をつくり、国内の諸制度を整備した。一方で、北部九州の守りとして筑紫大宰の拡張や、朝鮮式山城の導入による大野城や基肄城の築造など防御態勢も強化された。

　しかし、大王天智が病死すると、その後継者争いと政治方針の在り方をめぐって対立が深まり、672年大海人皇子が挙兵し、武力をもって政権を簒奪した。この壬申の乱は、従来の政変と異なり、畿内周辺の多くの氏族も巻き込んだ内乱となったため、勝利した大海人は天武天皇として即位すると、中央豪族や王族だけでなく地方豪族などをも基盤とする強大な権力をもつようになった。このころ、「大王」にかわって「天皇」の称号が成立した。また、伊勢神宮を皇祖として祀るために、天皇に代わって王族の未婚女子が奉仕する斎宮制度が整えられた。天武天皇の娘大来皇女は実在が確認できる最初の斎王で、壬申の乱直後に伊勢神宮に向かった（第2部古代篇 *Column 2-2* p.47 を参照）。

　天武天皇は681年に律令の編纂を命じたが、遣唐使の途絶など限られた状況下での編纂は難航し、次の持統天皇の690年になって飛鳥浄御原令として施行された。その間に、八色の姓が定められ、氏は真人・朝臣・宿禰・忌寸・道師・臣・

連・稲置に再編された。また、大化2（646）年の「改新の詔」によれば、地方には「国―郡―里」が置かれたことになっていたが、藤原宮跡から発見された木簡には、「己亥年十月上捻国阿波評松里」とみえることから、7世紀末には、「郡」ではなく、「評」であったことが明らかになった（郡評論争）（第1部原始・考古篇 第5章 p.25 を参照）。国には国司が派遣され、地方豪族が評造に命ぜられ、中央と結ぶ地方行政を担うようになった。

第2節　律令体制の継受と受容

　701（大宝元）年に、大宝律令が制定されると、同時に遣唐使も再開され、国号を「日本」とした（第1部原始・考古篇 第5章 p.27 を参照）。律とは刑法にあたり、令は行政法全般、格はその補足改訂法、式は施行細則であるが、このような法体系をもつ古代国家が成立したことを意味する。中国・隋の開皇律令や唐の永徽律令、開元律令などをモデルにしたと考えられるが、日本の実情に合わせて継受と受容がなされた。東アジア周辺諸国における律令の継受には大きな差があった。また近年、北宋の天聖令が発見されたことで、日唐律令研究は新たな局面に入った。韓国では、日本における木簡の使用に先立つ6世紀のものを中心に、百済や新羅の木簡が多数出土している。天聖令から復元される唐令と大宝令の近似性、韓国出土木簡に見る浄御原令や前後の諸制度との類似性は、日本においていつどのような法制度が受容されたのか、浄御原令と大宝令はどのような関係にあるのかを考えるうえで、看過できない。

　718（養老2）年には、藤原不比等らが養老律令を編纂したが、これが施行されるのは、橘奈良麻呂の変以後の757（天平宝字元）年である。令の注釈書として、平安初期の『令義解』・『令集解』が今日まで伝来し、その実情を伝えてくれる。単行法令としての格は、平安時代になるとその時の有効法が編纂されて、『弘仁格』・『貞観格』・『延喜格』として使われたが、『類聚三代格』として伝わるだけである。式は『弘仁式』・『貞観式』・『延喜式』として編纂された。

　律令制の継受とともに、都城制も導入された。都城制とは、宮城を中心に条坊によって区画され、城壁によって周辺とは隔絶した計画的な政治的都市で、中国において発達した。日本においては、本格的な都城は藤原京に始まるとされるが、その後、平城京・長岡京そして平安京へと継承発展していく。古代日本において

藤原京	693年
平城京	710年 平城遷都
恭仁京	740年 東国行幸→恭仁宮
難波京	744年 皇都宣言
紫香楽京	744年 紫香楽行幸・大仏造立
平城京	745年 平城還都
長岡京	784年 長岡移幸
平安京	794年 平安遷都
福原京	1180年 福原遷都
京都	1180年 京都遷都
東京	1868年 東京奠都

図2-7　みやこの変遷

都城制（日本では城壁がないため宮都制と呼ぶこともある）が導入された歴史的な意義について考えてみよう。ここは、王の権威を内外に表象する壮大なまつりごとの場である宮と、強制的な集住を基本として、位階に応じて宅地を班給された官人などが住む京域に分かれる。官人として朝廷に仕えるものは、従来の本拠地から切り離され、天皇から支給される宅地と禄で生活していかなければならない。すなわち都城制は、律令制と同時に機能することを前提とする点で、全国を統治支配する天皇を中心とした集権化を、内外に可視的に表象するのに効果的であった。

　都城制以前は、大王の居所でまつりごとの場であった「みやこ（宮処）」は、大王の代替わりによってたびたび移された（歴代遷宮）。その理由として、古くは大王の死による穢れを忌避するためとか、木造建築の耐久にともなう遷宮であるとされた。しかし近年の研究では皇子宮を営む有力な皇子が大王に推戴されると、そこが大王宮になったためであると理解されている。

　平安京以降は、政権の所在地にかかわらず京都が「みやこ」と観念されたが、1868（明治元）年東京奠都とともに、その座を東京に譲った（図2-7）。

第3節　平城京時代の政治基調

　持統天皇の後を継いだ文武天皇が若くして没すると、その母である元明天皇が即位した。元明天皇は、710（和銅3）年に奈良盆地の北に造営中の平城京へ遷都する。『古事記』が撰上される一方で、諸国に『風土記』の編纂を命じた。娘の元正天皇は政治路線を継承し、隼人の反乱などに苦しめられながらも地方に国を分置し、渡来人を配置して建郡し、官道を整備するなど全国支配を推し進めた。718（養老2）年には養老律令が撰上され、720（養老4）年には最初の国史である『日本書紀』が完成した。

　724（神亀1）年に、文武天皇の遺児である首皇子が聖武天皇として即位すると、

古代国家は安定期を迎えた。その一方で、天皇としての資質が問われており、皇太子制が後世のように安定的に機能していなかったことや、そのような不安定な王権に官人たちが依存しなければならなかったことが、皇位継承をめぐる多くの政変を呼び起こすことになった。

　729（天平1）年、政治首班であった天武孫の長屋王が、左道により国家転覆を目論んだ罪で自害に追い込まれた（長屋王の変）。長屋王の妻の一人で、文武天皇・元正天皇の姉妹であった吉備内親王とその子もともに排除された。二条大路周辺から出土した3万5000点に及ぶ木簡から、「長屋親王宮」と呼ばれていたことや、家政機関のやり取りなど、左京三条二坊にあった長屋王家の生活を具体的に知ることができる。従来から光明子の立后をねらう藤原氏の陰謀であると説明されているが、天武系と天智系の優れた血統をもつ長屋王と吉備内親王ファミリーのみを消滅させたことや、事件後まもなく冤罪とみなされたことを鑑みれば、皇位継承にまつわる政変であり、聖武天皇の関与も想定できる。

　事件後、光明子の立后が執り行われ、藤原四子（武智麻呂・房前・宇合・麻呂）による政権は盤石に思われた。しかし、735（天平7）年から天然痘パンデミックは朝廷にも及び、四子はじめ多くの人材が失われた。そのなかで橘諸兄が首班となり、唐から帰国した吉備真備や玄昉が重用された。光明子が父母の冥福を名目としながら、玄昉将来の一切経写経事業（五月一日経）を開始したのもこの時期である（図2-8）（第1部原始・考古篇 *Column 1-5* p.28 を参照）。

　蝦夷や隼人の抵抗に悩まされていた740（天平12）年、大宰府にいた藤原広嗣が、吉備真備と玄昉の排斥をもとめて反乱を起こした（藤原広嗣の乱）。このニュースが平城京に伝えられると、朝廷に

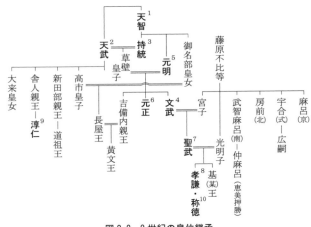

図 2-8　8世紀の皇位継承

は激震が走った。すぐに大野東人を将軍とする追討軍が派遣され、北部九州を戦場に激闘が繰り広げられた。勝利の報告が届くと、聖武天皇は新しい都城構想を胸に東国へ行幸した。その行路は、壬申の乱の大海人皇子の軌跡をたどるかのようであった。

　東国行幸の終着点となったのは恭仁京で、741（天平13）年正月の朝賀はここで受けるなど、聖武は恭仁遷都する意思を表明した。しかし、一方で近江国紫香楽に離宮の造営をはじめ、盧舎那仏の建立を発願した。738（天平10）年の阿倍内親王の立太子以降、くすぶっていた元正太上天皇と聖武天皇の不仲は、744（天平16）年に決定的になり、難波を皇都とする宣言を元正太上天皇が出す一方で、聖武は難波におらず紫香楽宮へ移ってしまった。しかし、翌年になって、人民に投票を実施し、平城京に還都することで双方とも決着した（図2-8）。

　この5年にわたる彷徨によって、平城宮は解体されて恭仁宮の資材として使われた。これ以前において平城宮は、正門である朱雀門の北に、中央区朝堂院と大極殿が連なり、これらを中心とした儀礼空間をもつ構造であった。東区には内裏と太政官院がおかれ、政務空間となっていたが、平城宮の中心は朱雀大路より伸びる朱雀門の北方ラインであった。

　しかし、彷徨5年ののち、東区に大極殿と朝堂院が移されて、東区が政務と儀礼の場として充実する。朱雀門の東にある壬生門のラインに平城宮の中心が移った。一方で、朱雀門北方には西宮と呼ばれる空間が整備され、このあと孝謙太上天皇（重祚して称徳天皇）が住むようになったと考えられる。平安初期に、政変に敗れた平城上皇が、ここに住んでいたことが発掘調査で判明した。

　天平年間（729-748）ごろには、律令で定められた政務のあり方が定着していたことが、東大寺正倉院に現存する文書群（正倉院文書）からわかる。この文書の存在は、江戸後期の天保年間に穂井田忠友が行った整理によって広く知られるようになった。この文書群は、8世紀の約50年間（727～776年）に、東大寺写経所で作成された帳簿類である。写経所文書の紙背文書には、戸籍や計帳、正税帳などの公文書が含まれていた。公文書を反故にして裁断した紙を帳簿などとして再利用したため、その復原研究は今もなお続けられている。

Column 2-2　斎のヒメミコ（国史跡「斎宮跡」）

　三重県多気郡明和町にある国史跡「斎宮跡」は、7世紀から14世紀まで、朝廷から派遣された斎王の住んだ居所や役所の遺跡である。1970（昭和45）年に始まった発掘調査によって、時代によって建物や周辺の区画が異なることや、大量の出土遺物によって華やかな生活の一端が明らかにされてきている。近年、大来皇女の派遣によって伊勢斎宮が確立した時期と重なる飛鳥後期の「初期斎宮」の遺構が出土した。また、東部では造成された方格地割が確認され、奈良末期の井上―酒人―朝原三代の斎宮が注目されている。一帯は、1989（平成元）年に開館した三重県立斎宮歴史博物館を中核に、史跡公園「斎王の森」として整備、公開されている（写真2-2）。

　斎王とは、天皇（大王）に代わって伊勢神宮の祭祀を取り仕切る王族出身の未婚の女性のことである。天皇が即位すると、王族のなかから内親王または女王が卜定されて、一定期間の潔斎を経て、伊勢に下向し、祭祀に奉仕する。天皇の代替わり以外は、親が亡くなったときや大病に罹ったときなどしか任を解かれることはない。

　天武皇女の大来皇女は、弟大津皇子の謀反によって解任され、『万葉集』に、

　　　　わが背子を　大和へ遣ると　さ夜深けて暁露に　吾が立ち濡れし

という歌を残した。奈良時代の聖武皇女の井上内親王は、斎王を勤めあげてから白壁王と婚姻し、白壁王が光仁天皇となると皇后に立てられた。その後、息子の他戸皇太子とともに、天皇を呪ったという罪で廃位され、非業の死を遂げた。彼女の娘酒人内親王、さらに孫娘の朝原内親王と3代続けて伊勢斎王として奉仕した。

　文徳皇女の恬子内親王は、狩りの使いとして伊勢に来た在原業平と不思議な一夜を過ごしたことが『伊勢物語』に語られている。また、『源氏物語』では、光源氏の年上の恋人のひとり六条御息所は、彼への思いを断ち切るために、斎王に卜定された娘（のちの秋好中宮）とともに伊勢に下向している。

　伊勢斎王は、賀茂斎院とともに王権を支える祭祀を執り行う女性であったが、南北朝時代の後醍醐皇女祥子内親王の卜定をもって最後となった。

●参考文献

榔村寛之『斎宮』（中公新書、2017年）

西宮秀紀『伊勢神宮と斎宮』（岩波新書、2019年）

写真 2-2　史跡公園　さいくう平安の杜
（斎宮歴史博物館提供）

第4章
古代国家の展開と変質
(8〜9世紀)

第1節　四字年号の時代

　752（天平勝宝4）年、東大寺にて大仏開眼供養会が行われた。開眼導師のインド僧菩提僊那をはじめとして国際色豊かな参列者は、ユーラシア・ネットワークの成熟を物語っている。このときの仏具をはじめとしてのちに光明皇太后が聖武の遺愛の品を奉納した正倉院の宝物は、「シルクロードの終着駅」と評される。しかし、舶来品はほんのわずかで、多くはその技術を学んだ国産品であることも忘れてはならない。遣唐使、遣新羅使や新羅使、渤海使など複数のルートから、多くのヒト・モノ・学術や技術が日本にもたらされた。それをもとに、この時期に仏教色と国際色豊かな文化の成熟を迎えたのである（天平文化）。

　聖武太上天皇は死の間際に、娘孝謙天皇の皇太子に道祖王を指名した。しかし、まもなく道祖王は素行を口実に廃太子されて、かわりに藤原仲麻呂第に住む大炊王が立太子した（図2-8）。仲麻呂は、光明子の皇后宮職を改組した紫微中台の長官（紫微令）を足掛かりに勢力を伸ばしていた。757（天平宝字1）年7月、それを快く思わない反対勢力が、橘奈良麻呂と長屋王の遺児黄文王らを中心に、仲麻呂の殺害と皇位簒奪を狙ったが、未然に発覚し、多くの皇族や官人が処罰された（橘奈良麻呂の変）。

　反対勢力を一掃することに成功した仲麻呂は、758（天平宝字2）年に大炊王を淳仁天皇として即位させ、自身は太政官の大保（右大臣）、さらには大師（太政大臣）にまでのぼった。養老律令を施行する一方で、新羅に対しては強硬姿勢をとるなどの仲麻呂の急進的な施政は反感を招いた。光明皇太后が没すると、762（天平宝字6）年には孝謙上皇が、淳仁天皇と恵美押勝（仲麻呂の別名）を批判して、国家の「大事」を掌握しようとした。天皇と上皇の権力争いは次第にエスカレートし、764（天平宝字8）年に天皇大権を行使できる鈴印（内印と駅鈴など）の争奪戦から、畿内を戦場とする内乱へと発展した（恵美押勝の乱）。塩焼王を今帝に

擁立したものの押勝は敗死し、淳仁天皇は廃帝として流刑地・淡路で没した。勝利した孝謙上皇は出家したまま重祚して、称徳天皇となった。

　尼天皇である称徳天皇は寺院勢力を重用し、道鏡は太政大臣禅師、法王という地位を与えられた。769（神護景雲 3）年、宇佐八幡神託事件によって道鏡の皇位継承の望みが絶たれると、皇太子をおかないまま称徳天皇は没した。

第 2 節　王統の交替と平安定都

　770（宝亀 1）年、天智天皇の孫に当たる白壁王が擁立され、光仁天皇として即位した。光仁天皇は、聖武天皇の娘である井上内親王を皇后にたてて、他戸親王を皇太子とした。これによって、天武系を包摂する天智系王統へ皇位が継承されたようにみえた。しかし、その後、井上廃后と他戸廃太子がなされ、渡来系氏族を母にもつ山部が桓武天皇として王統を継いだ。光仁から桓武への譲位は、天智系による王統の交替と皇位継承の確定を意識させるものであった。

　桓武天皇は 784（延暦 3）年に、副都として機能していた難波宮を解体してその資材を使う形で、長岡京遷都を遂行した。そのさなかに造営責任者であった藤原種継が射殺される事件が起こると、実弟の早良親王を廃して、安殿親王を皇太子とし、その母藤原乙牟漏を皇后とした。桓武天皇は、出自を意識してか、中国皇帝が冬至に天壇で天帝を祭る郊祀祭天を、長岡京の南郊交野で行った。

　奈良時代を通じて東北経営にあたってきたが（第 1 部原始・考古篇　第 5 章 p.27 を参照）、朝廷軍が多賀城から桃生城、伊治城へと北上すると、780（宝亀 11）年蝦夷の首長であった伊治呰麻呂が反乱を起こした（伊治呰麻呂の乱）。桓武朝の征夷は 5 回計画され、3 回実行された。802（延暦 21）年には阿弖流為が征夷大将軍坂上田村麻呂に投降して征討が成功すると、志波城が東北経営の最前線となった。

　794（延暦 13）年に、長岡京から平安京に遷都したが、造営工事は継続していた。805（延暦 24）年に、桓武天皇の命による藤原緒嗣と菅野真道の徳政論争で、二大事業（軍事と造作）は中止されるに至った。

　強大な指導力を発揮した桓武天皇が亡くなると、平城天皇があとを継いだ。平城天皇は観察使を設置し、中央官制の統廃合や給与体系の見直しなど国制改革を精力的に推し進めたが、4 年に満たずに嵯峨天皇に譲位した。810（弘仁元）年、

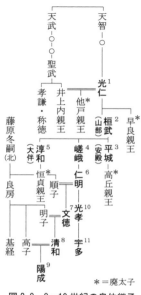

図2-9　9〜10世紀の皇位継承

＊＝廃太子

平城上皇の復位の動きのなかで、嵯峨天皇は機密を扱う令外官として、藤原冬嗣と巨勢野足を蔵人頭に、清原夏野と朝野鹿取を蔵人に任じた。さらに、平城遷都を伴う平城上皇の復位を阻止する（平城上皇の変）と、平城皇子の高丘親王を廃太子し、大伴親王を皇太弟とした。

嵯峨天皇は平安宮を「万代宮」として平安定都を宣言し、官制改革を推し進めて、検非違使の設置や六衛府への改組を行う一方で、『新撰姓氏録』や『弘仁格式』の編纂を命じた。また、あらたに賀茂斎院に嵯峨皇女有智子内親王を定めて、賀茂祭を国家祭祀のひとつにした。

大伴親王が即位して淳和天皇となると、嵯峨皇子正良親王を皇太子に立てた。正良が仁明天皇となると、淳和皇子恒貞親王を皇太子に立てるなど王統の迭立が続き、三后（皇后・皇太后・太皇太后）制が整備されるなど、安定した政治が行われた。

842（承和9）年、嵯峨上皇の没後、恒貞皇太子周辺の伴健岑や橘逸勢らが謀反を計画したとして恒貞が廃太子されると、仁明皇子の道康親王が立太子した（承和の変）。こうして桓武系の複数の王統が迭立していた状況から、政変によって皇位は嵯峨＝仁明王統に収斂されていった（図2-9）。

第3節　幼帝の出現と摂政・関白

858（天安2）年、文徳天皇が一度も平安宮内裏に住まうことなく、31歳の若さで冷然院にて没すると、9歳の幼帝清和天皇が即位する。史上初めての幼帝の出現は、限定された血統に皇位が収斂した結果生じた事態であるが、これを可能にしたのは律令官僚制の成熟と皇太夫人（のちに皇太后）による補佐であった。律令皇后制は8世紀の光明子を嚆矢とする。井上廃后によって女帝の可能性を内包する「内親王皇后」が忌避されるようになると、藤原乙牟漏や橘嘉智子など所生子しか皇位継承にかかわれない「臣下皇后」が輩出される。さらに幼帝の出現

によって、天皇の母として皇太夫人が脚光を浴びるようになる。清和即位時の祖母藤原順子、陽成の生母藤原高子がそれである。しかし、あくまで幼帝の補佐に過ぎず、執政を支えるには、別の職位と権限が必要であった。

　866（貞観8）年に平安宮内の応天門が炎上したことに端を発する政治疑獄事件が起こると、清和天皇は母方の祖父である藤原良房に摂政を命じ、事態を収拾させた（応天門の変）。続く陽成天皇も幼帝として即位するが、首班である藤原基経と折合いが悪く、退位を迫られた。新たに、仁明王統にさかのぼって擁立された光孝天皇は、基経を関白に命じた。その子宇多天皇の即位に際しての基経の関白の任命をめぐっては、阿衡の紛議と呼ばれる混乱を起こした。良房・基経の段階では、摂政・関白の地位や職掌は定まってはおらず、10世紀以降のそれとは区別して考える必要があろう。

　9世紀以降、律令国家を支えていた在地社会が大きく変容する。地方から中央へ納められるべき税収が減少し財政難に陥る一方で、戸籍を基にする人頭税式課税システムが破綻した。税収を確保するために新たな財源を確保するだけでなく、地方行政そのものの見直しに迫られた。前司以来の未納を明記して新任国司に納税義務を負わせることを放棄し、4年間の任期における納税の完済だけを求めるようにした。四等官制をとって連帯責任を強いた国司の責任を一人の国司に集中させた。こうして生まれたのが受領である。さらに、戸籍が作られなくなると、検田を実施して一定単位の田地を「名」として把握し、「堪百姓」をその徴税の責任者として受領が直接把握するシステムが構築された。これを負名体制と呼ぶ。この結果、国司は受領ひとりに権限と責任を集中し、かつて郡司層が担っていた権能は消滅していくことになる。

　日本古代の文化の変遷は、「百済・新羅・高句麗を経由した6〜7世紀の文化（飛鳥・白鳳文化）」、「国際色豊かな8世紀の文化（天平文化）」から「唐風である9世紀の文化（弘仁・貞観文化）」へ、さらに「和風の10世紀以降の文化（国風あるいは藤原文化）」へ移行したと考えられてきた。しかし、海の道に通じた海商によって唐物はもたらされ、中国文化の継続的な受容が明らかにされ、「唐風」と「国風」を対立概念としてとらえることは難しくなってきた。むしろ、中国文化の受容の仕方や理解の深化、さらにはそのなかで日本固有の文化への認識の変化を、同じ中国文化圏の周辺に位置する新羅や高麗と比較しながら問うべきであろう。

第 5 章

古代から中世へ
──揺らぐユーラシア・ネットワーク

（10 〜 11 世紀）

第 1 節　摂関政治の展開と院政の開始

　宇多天皇・醍醐天皇さらに村上天皇の時代は、天皇が親政を行った時代として、後世「寛平の治」「延喜の治」「天暦の治」と呼ばれる。宇多天皇は藤原氏を牽制するために、文人官人（良吏）を積極的に登用した。しかし、901（延喜 1）年に、娘婿の即位を企てようとしたとして、宇多の寵臣である菅原道真が大宰府に左降される（昌泰の変）と、天皇家との婚姻関係をもとに藤原氏が廟堂の大半を占めるようになる。朱雀天皇という幼帝の出現は、国母である藤原穏子のもとで、藤原忠平の摂政・関白への登用につながった。

　969（安和 2）年におきた源 高 明の左遷事件（安和の変）を契機に、それ以降は摂関がほぼ常置されるようになる。しかし、この時期においても、国政は太政官を中心に運営されたことは重要である。このなかで、摂関の地位や職掌が大きく変わっていく。摂関の地位は、律令官僚制を超越するものとなった。職掌は太政大臣と分離して、天皇の政務の一部代行・補佐となった。また新たに、天皇へ奏聞される文書や天皇から下達される文書を先に目を通すことができる「内覧」が付与された。さらに、藤原氏長者と摂関が一体化することによって、源氏を除く氏族の頂点に摂関家が位置するようになった。

　このように摂関政治とは、天皇を頂点に太政官を通して行われる政治・行政を補完するシステムであると理解され、天皇親政に対立する政治形態ではない。藤原道長は三后を出し、三条・一条・後一条天皇の時代に首班となったが、摂政であった時期は最後の一年だけで、その多くは「内覧」として権勢を握ったことは有名である。また、その子頼通は、四半世紀近く摂関の地位にあったが、天皇とは外戚関係になかった（図 2-10）。

　宇多天皇以来 170 年ぶりに、藤原氏を外戚としない天皇として即位した後三条天皇は、積極的な親政を行っていたが、病により 1072（延久 4）年に白河

天皇に譲位した。白河天皇は、藤原教通・信長父子と藤原師実の摂関争いを利用して、摂関家の権勢をそぎ、幼帝である堀河天皇に位を譲ると、院政を始めた。

　天皇を頂点として太政官を通して行われる政治・政務形態のひとつである摂関政治と、「治天の君」と称される院を中心に展開される院政は根本的に異なる（第3部中世篇　第2章 p.64を参照）。院政が行われているときにも、摂関が置かれていたことを鑑みれば、従来の、平安時代の政治形態は「天皇親政→摂関政治→院政」と変化したという見方は通用しなくなっている。

第2節　在地社会の変質と地方の動乱

　律令体制による在地支配のあり方は、在地の動向に連動して変質していった。

　前述したように、平安期の受領は、律令制による人頭税的な徴税システムを維持できず、国家が在地支配を再編成するなかでうまれた合法的な存在（中央財政を支えるための徴税請負人）として機能した。受領は国内統治を進めるために、「所」などを配置して国衙機構を整備し、官人経験者の有能なものを郎等として下向させた。在地の有力者も「在庁官人」として再組織化し、支配を強化した。一方で、受領の任命（受領挙と受領巡任など）や評価審査（受領功過定）も整えられ、中央で統制されていた。

　このような在地社会の変化のなかで、10世紀半ばに起きたのが天慶の乱である。天慶の乱（平将門の乱・藤原純友の乱）は、従来は在地社会で力をつけた武士が朝廷に反乱を起こしたと位置づけられてきた。しかし、環境や経済といった観点からみると、地球温暖化にともなう農作物収益の拡大を背景にする一族間の私富の追求と分配問題のこじれ（将門の乱）や、交易の変化と瀬戸内海の海上交通権の再編にともなう利権争い（純友の乱）という新たな評価も生まれている。

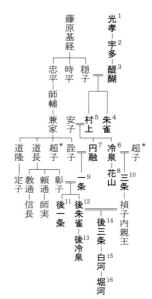

図2-10　10〜11世紀の皇位継承

第3節　唐の滅亡と揺らぐユーラシア・ネットワーク

　9世紀になって、唐の支配力が弱体化すると、統一新羅の商人が東アジアをまたにかけて交易ネットワークを形成した。このネットワークは日本の遣唐使を補完した。円珍は新羅人船で渡海し、承和の遣唐使とともに入唐を果たしながら当地で会昌の廃仏にあった円仁は、新羅人のネットワークに助けられて帰国に成功した。また、ヒトや情報だけではなく、新羅人商人は、「唐物」と呼ばれる外来の稀少品を広く取引するようになり、日本の貴族たちはこぞって求めるようになった。そのような状況下で、遣唐使の位置づけは相対的に低下していった。894（寛平6）年、菅原道真が遣唐使派遣に際して慎重に状況を精査すべきという主張をした。結局このときの派遣が中止され、これ以降再び遣唐使が派遣されることはなかった。結果として838（承和5）年に渡海した承和の遣唐使が、古代最後の外交使節となった。

　10世紀に入ると、907年に唐が滅亡した。さらに、926年に渤海が、935年に統一新羅が相次いで滅亡し、求心力を失ったユーラシア・ネットワークは弛緩した。呉越や契丹とも通交していた後百済が、922（延喜22）年と927（延長5）年に日本に朝貢したが、日本の反応は冷ややかであった。後百済を併合して朝鮮半島を再統一した高麗とは、大宰府を通じて「唐物」を主とする交易が行われた。しかし、1019（寛仁3）年には、刀伊の入寇といわれる女真族の襲撃があり、日朝両国間の不信感を高めた。

　960年に趙匡胤が宋を建国し再び中国を統一すると、ユーラシア・ネットワークは新たな局面を迎えた。日宋貿易は活発化したユーラシア・ネットワークの東端を担い、朝廷、平氏、鎌倉幕府へと引き継がれていく（第3部中世篇 *Column 3-1* p.83を参照）。11〜13世紀のモンゴルの世界征服（中世篇3章4節を参照）は、複層的なユーラシア・ネットワークを通じて行われていくのである（図2-11）。

図2-11　11世紀の東アジア

　文字に表された史料（文献）から、日本

列島に初めて国家が形成される時代をみてみたが、この時代を考える際に、ユーラシア・ネットワークで結ばれる異域・異国を意識しておく必要があることを理解していただけただろうか。日本列島の歴史を考えるときには、一国史観に陥ることなく、常に世界の変動を感じていなければならない。古代という時代は、ユーラシア・ネットワークの極東に位置する日本・倭が他地域との交流や交通のなかで、初めて国家を形成し、展開していく時代である。歴史を俯瞰するまなざしと、史料を精緻に読み込む読解力、さらには多様性を柔軟に組み立てていく思考力をもって、新しい見地を切り開いてほしい。

（仁藤　智子）

引用・参考文献 •••

遠藤慶太『六国史』（中公新書、2016年）

河添房江『唐物の文化史』（岩波新書、2014年）

北村厚『教養のグローバルヒストリー』（ミネルヴァ書房、2018年）

栄原永遠男『正倉院文書入門』（角川選書、2011年）

佐々木恵介『受領と地方社会』（山川リブレット、2004年）

佐藤長門『蘇我大臣家』（山川リブレット、2016年）

佐藤信編『古代史講義』・『古代史講義【戦乱編】』（ちくま新書、2018・2019年）

鈴木靖民監修・仁藤敦史編『古代王権の史実と虚構』（竹林舎、2019年）

田中史生『国際交易の古代列島』（角川選書、2016年）

仁藤智子『平安初期の王権と官僚制』（吉川弘文館、2000年）

馬場基『平城京に暮らす』（吉川弘文館、2010年）

羽田正『新しい世界史へ』（岩波新書、2011年）

木簡学会編『木簡から古代がみえる』(岩波新書、2010年)

李成市・宮嶋博史・糟谷憲一編『世界歴史大系　朝鮮史』（山川出版社、2017年）

ブックガイド •••

歴史学研究会編『天皇はいかに受け継がれたか―王の身体と皇位継承』（績文堂、2019年）……古代から現在まで受け継がれた皇位について、時代ごとに歴史的特質を抽出する。中国古代やヨーロッパ近代の王位継承との比較も新しい。

鈴木靖民・金子修一・田中史生・李成一編『日本古代交流史入門』（勉誠出版、2017年）……ヒト・モノ・文化の交流と受容をめぐる交流や交易の多様性や重層性を提起する一冊。

新古代史の会編『テーマで学ぶ日本古代史』（全2巻、吉川弘文館、2020年）・『人物で学ぶ日本古代史1～3』（全3巻、吉川弘文館、2022年）……古代史の入門書としてわかりやすい論点を提示。

🏛 国立歴史民俗博物館（千葉県佐倉城内町）

　国内最大級の歴史学と民俗学の博物館。総合展示は先史・古代、中世、近世、近代、現代、民俗の6室からなり、導線は4kmを超える。2019年春第一展示室（先史・古代）をリニューアルして、最新の考古学・文献史学の成果を展示。国内外の共同研究の成果を、企画展示や総合展示として還元しており、学術成果の最前線を学べる。中庭には碑の小径があり、各地の石碑がレプリカで展示。また、ここで全

（国立歴史民俗博物館提供）

国博物館の展覧会図録も入手できる。近世には佐倉城、近代には佐倉連隊がおかれていた。

📍**所在地** 千葉県佐倉城内町117番地／**開館時間** 3〜9月　9：30〜17：00（入館は16：30まで）（※10〜2月は閉館時間30分繰り上げ）月曜日、年末年始は休館／**入館料** 一般600円、大学生250円、小・中・高校生無料／**アクセス** JR佐倉駅からバス約15分、京成佐倉駅からバス約5分または徒歩約15分

HP https://www.rekihaku.ac.jp

🌳 国営公園平城宮跡歴史公園（奈良県奈良市）

　世界遺産「古都奈良の文化財」のひとつである平城宮跡の保存・活用を図る目的で整備され、2018年から逐次開園。復元された朱雀門（写真）や第一次大極殿は圧巻。第一次大極殿院・中央区朝堂院や第二次大極殿や東区朝堂院をめぐれば、古代の人々が仕えた平城宮のスケールが実感できる。西の一角には平城宮跡資料館があり、出土品や木簡、復元されたジオラマなどで最新の研究情報を発信している。

（文化庁・平城宮跡管理センター提供）

📍**所在地** 奈良県奈良市二条大路南3-5-1 平城宮いざない館／**開館時間** 6〜9月　10：00〜18：30（入館18：00まで）（※10〜5月は入館・閉館時間30分繰り上げ）月曜日、年末年始は休館／**入館料** 無料／**アクセス** 近鉄奈良線大和西大寺駅より徒歩約20分

HP https://www.heijo-park.go.jp

多様性と混沌の時代

■概　観

　中世とは、平安時代末期の 11 世紀末の院政期から、織田信長や豊臣秀吉政権の樹立
された 16 世紀後半あたりまでを指す時代である。

　中世史の魅力は、その複雑さや多様性によって、混沌とした社会であったことにある
といえる。古代の律令制国家や近世の幕藩体制などは、実態はともかくとして、明瞭な
国家像で説明できる時代であった。しかし、中世には社会的な規範が見出しにくいのが
現状である。

　さらに、鎌倉時代の国家像をいかにとらえるかというのも、非常に中世的な問題であ
る。鎌倉幕府は国家の警察・軍事を担当する、国家内の一部局に過ぎないという権門体
制論に対して、幕府をひとつの国家ととらえ、鎌倉時代には 2 つの国家が日本列島に
存在したとする、東国国家論という考え方が提示されているが、実態としては、どちら
とも確定しがたいのが現状である。南北朝や室町幕府のあり方も、同様に複雑である。

　また、2 度にわたる蒙古襲来とそれに対する備えは、東国御家人が西国に赴くような
社会的シャッフルをひきおこし、中世の多様化を促した。つづく南北朝の内乱では、武
士団や公家たちが離合集散をくり返し、敵と味方が、めまぐるしく入れ替わった時代で
あった。

　室町時代後期には、土民らによる一揆が頻発した。当初は一揆の要求する徳政令を出
していなかった室町幕府だが、最終的には、一揆の要求を飲み徳政令が出される。こう
して、階層の低い者たちが、上位の階層に暴力的に訴え出て、その意見が通るという、
他の時代にはあまりみられない現象が起こってしまうのも中世の魅力である。

　中世を象徴するような言葉である下剋上の気運もまた、さらなる多様性、複雑性を生
み出すきっかけとなった。戦国時代には、一向一揆が 100 年近く自治を行うこともあ
り、戦国大名も、分国法を作成するなど、ひとつの小さな国家と呼べるものを形成する
ものもあった。

　中世は断続的に内乱がつづき、社会は複雑化し多様性をもつようになり、その結果、
混沌がつづいた時代だったのである。

　なお本稿では、紙幅の都合もあり、中世の複雑さを説明するために、あえて単純に書
いた部分がある。特に第 1 章では、非常に複雑な荘園公領制を説明するために、かな
り単純化したり省略をした部分が多い。違和感や物足りなさを覚える読者も多いだろう。
この点ご容赦ねがいたい。

年　表

年　号	できごと
1156（保元元）	保元の乱で後白河天皇が崇徳上皇に勝利する
1159（平治元）	平治の乱で平氏が源氏に勝利する
1167（仁安2）	平清盛が太政大臣となる
1180（治承4）	源頼朝が挙兵し鎌倉に入り、侍所を開く
1185（文治元）	壇ノ浦の合戦で平氏が滅亡する
1221（承久3）	承久の乱が起こり、3人の上皇が流される
1225（嘉禄2）	鎌倉幕府に評定衆が設置される
1232（貞永元）	御成敗式目が制定される
1249（建長元）	鎌倉幕府に引付が設置される
1274（文永11）	文永の役（第一次蒙古襲来）
1281（弘安4）	弘安の役（第二次蒙古襲来）
1285（〃8）	霜月騒動が起こり、安達泰盛一族が滅ぼされる
1296（永仁4）	鎮西探題が設置される
1297（永仁5）	永仁の徳政令が出される
1317（文保元）	文保の和談で両統迭立が定まる
1333（元弘3）	鎌倉幕府が滅亡する
1334（建武元）	建武の新政が始まる
1338（延元3）	足利尊氏が征夷大将軍となる
1350（観応元）	観応の擾乱が始まる
1352（観応3）	最初の半済令が出される
1392（明徳3）	南北朝が合一する
1428（正長元）	正長の土一揆が起こる
1429（永享元）	嘉吉の土一揆が起こる
1467（応仁元）	応仁の乱が始まる
1485（文明17）	山城の国一揆が起こる
1488（長享2）	加賀の一向一揆が起こる

第1章

•••••••••••••••••••••••••••••••••••

荘園公領制の成立と展開

第1節　公地公民

　7世紀までの土地制度には、氏の存在が前提にあった。氏の長である氏上が、氏の土地を支配しており、これらの土地は、田荘と呼ばれた。また、部曲と呼ばれる人々を従わせていた。一方で、ヤマト王権の直轄地は屯倉と呼ばれ、名代・小代と呼ばれる人々を支配していた。この段階では、氏上やヤマト王権が土地支配を行っていたのである。

　大化の改新を受けて646年に打ち出された改新の詔は、公地公民の制度をめざした。全国の土地はすべて公地（国有地）だという考え方である。公地公民の方針は、701（大宝元）年成立の大宝律令によって確立した（第2部古代篇　第3章p.43参照）。

　公地公民の原則のもと、公地を庶民に貸し出して租を徴収する制度がとりいれられた。6年ごとに戸籍を作成し、6歳以上の者に口分田を班給し、そこから生まれる生産物を国家に収めるという制度であった。これを班田収授法と呼ぶ。口分田の売買は禁止され、租を確保する方策がとられた。

　しかしこの制度は、平安時代初期頃から次第に実施が困難となった。特に班田を給付することが難しくなって、国家の収入は減少した。

　そこで723（養老7）年に打ち出されたのが、三世一身法である。この法令は公地の開墾奨励のために出されたものであり、新たに灌漑施設を作って田地を開発した場合、三世代まで、その田地の私有が認められた。旧来の灌漑施設を利用した場合には、一代限りの私有を認めた。この政策は公地公民の原則に反しており、土地所有においては大きな画期となった。

　三世一身法は、三代の間は私有が認められたが、三世代をこえると収公（国の土地とされる）されたため、三世代をこえると耕作が放棄されるようになることが多かった。そこで、さらに一歩進んだ法令が743（天宝2）に出された。それ

が墾田永年私財法である。官位によって面積制限はあったものの、開墾した田地は租は納入するものの、永久私有が認められるようになった。これによって公地公民制の原則がくずれ、それが荘園公領制成立の一因となった。

第2節　荘園の登場

　墾田永年私財法によって、貴族・寺院・地方有力者が大規模に開墾を進めた。開墾や耕作の労働力は、有力な農民、租税を納められず班田を放棄して浮浪・逃亡してきた者たちが担った。

　その後、貴族や寺院が開発・集積した土地は、初期荘園と呼ばれるようになった。初期荘園は、9世紀頃から次第に衰退・変質していった。

　10世紀初頭に班田収授法が制度としての限界をむかえると、徴税方法は人頭税から土地税へと変わり、租・庸・調という徴税の原則は、年貢・公事・夫役へと変わっていった。

　以後の荘園は、本所―領家―預所という重層的な領有がなされる、有力者たちの領有地と言いかえられるような存在となった。荘園を設定することを立荘という。平安時代中頃から院政期には、上皇や摂関家関係の仏事や儀礼の用途などのために、立荘されるところも多くあった。

　荘園には、不輸・不入の権をもつものもあった。不輸の権とは、国家への租税が免除される権利である。太政官符や民部省符によって不輸が認められた荘園は、官省符荘などと呼ばれ、国司によって不輸を認められた荘園は国免荘と呼ばれた。一方で不入の権とは、国司の使者が荘園内に入ることを拒否できる権限のことである。

第3節　荘園公領制の成立

　有力者の重層的な領有地である荘園を減らして公領を増やすことは、国の収入を増やすこととなる。これを目的として、荘園の整理が行われた。最初の荘園整理令として、902（延喜2）年に延喜の荘園整理令が醍醐天皇によって発布されたが、実際の効力は薄かった。その後、後三条天皇が、1069（延久元）年に延久の荘園整理令を発布して記録荘園券契所を設立した。その際には、実際に荘園を停止させた例も見られ、整理令はかなりの効果をもたらした。

一方で国衙領とも呼ばれる公領は、あえて単純化することが許されるのであれ
ば、朝廷—国司—目代の系列で支配され、荘園の、本所—領家—預所と同じよう
な重層的な領有がなされていた。

皇族、高級貴族などは、知行国主として特定の国の国守の任命権を与えられた。
知行国主は、子弟や近親を国司に推挙し、国司が得るその国の公領からの収入の
一部を得るようになった。ここでもあえて単純化することが許されるのであれば、
公領は実質的に重層的な領有体系をもつ知行国主の領有地のような存在となった
のである。

これによって、荘園領主が重層的な構造を通して収入を得る荘園と、やはり重
層的な構造を介して、朝廷（実際には知行国主）が収入を得る公領が併存する状
態となった。この状態を荘園公領制という。

第4節　荘園公領制の崩壊

地頭とは、荘園、公領ごとに設置された現地支配者の名称である。平清盛の時
代から、平家が主に西国の武士と主従関係をむすんで家人とし、その一部を地頭
に任命していた。源頼朝は、東国の武士を中心に各地の武士と主従関係をむすん
で武士たちを御家人とし、そのうち主に東国御家人を地頭に任命した。しかし、
特に西国では、御家人とならない武士もいた。彼らは非御家人といわれる。

1221（承久3）年におきた承久の乱で、京方についた西国の武士の所領が幕府
のものとなり、それは幕府方についた御家人たちに分け与えられた。承久の乱後
に任命された地頭を新補地頭と呼び、そのうち得分の少ない者などには新補率法
と呼ばれる基準によって、11町ごとに1町の割合で免田（地頭の私有地）と反別
5升の加徴米が与えられた。

地頭は、荘園や公領をしばしば侵略した。それに対する荘園領主の妥協策とし
て、地頭請や下地中分の手段がとられた。地頭請とは、地頭に年貢徴収を請け負
わせ領主のうけとる年貢を確実にする方法である。一方で下地中分とは、荘園領
主と地頭が荘園の支配権を折半して、それぞれで分かちもつ方式である。

南北朝時代になると、うちつづく動乱のため、軍事費の捻出を目的として、幕
府は1352（文和元）年に半済令を発した。その内容は、激戦地帯であった近江・
美濃・尾張の3か国限定で、1年を期限として、年貢の半分を幕府の守護に預け

るというものであった。しかし、その後は半済が恒常化していき、年貢の折半から土地の折半に変化し、やがて諸国へと拡大していった。預けられた土地は守護などが支配するようになった。

この時期には、守護請も行われた。これは、荘園や公領の年貢納入を守護が請け負う形態である。これによって守護の権限はより強固なものとなり、荘園公領制の崩壊と、守護による領国全体におよぶ支配権が促進され、一国全体を守護が支配する守護領国制が成立していった。

鎌倉時代後半から、飢饉や災害に対応するため、百姓たちはその共同体（＝村）を明確なものにしていった。このような村は近畿地方を中心に確認できる。百姓たちが作り出した、このような自立的・自治的な村を惣、または惣村という（第4部近世篇　第1章 p.92 参照）。惣村では、その結合が前提となって、惣村が荘園や公領の年貢の納入を請け負う地下請が行われるようになった。

第5節　一地一作人の原則へ

戦国大名は領国内の年貢、軍役の賦課を実現するため、検地を実施していた。その結果、把握された村の年貢、軍役の賦課基準には多くの場合、銭の額にもとづく貫高制が採用された。

その後、豊臣秀吉の指示した太閤検地では、実施のあり方は大名によって多様だったが、秀吉の直轄領や秀吉の影響の強かった大名の領国では、年貢、軍役の賦課基準として、米の量にもとづく石高制が採用された。また石高制自体は、全国的な軍事動員の基準としても採用されていた。これらによって一地一作人の原則につながる体制が成立し、荘園公領制は完全に崩壊した（第4部近世篇　第1章 p.100 参照）。

第2章

院政と鎌倉幕府の成立

第1節　院政の開始

　摂関家を外戚にもたない後三条天皇は親政を行い、1069（延久元）年に延久の荘園整理令を発布し、記録荘園券契所を設けてかなりの成果を上げた。

　後三条の子の白河天皇は、堀河天皇に位をゆずって後継者を明確にし、自ら上皇（院）として院庁を開き、政治の実権を握るという、院政の道を開いた。白河上皇の支持層は、任国の公領から収入を得る受領（国司または国司の代理人として現地に下向する者）たちであった。彼らは荘園整理を断行して公領の拡大をめざす白河上皇を支持したのである。

　受領たちは、国司に任命されるために多額の出費を惜しまず、院による京都での寺院造営などに積極的に費用を差し出した。費用を負担して官職を得ることを成功という。

　一方で院は、不安定な権威を軍事力でカバーするために、北面の武士を設置した。

　白河上皇は、院庁から発給する院庁下文や、院の近臣が院の命令を奉じる院宣を発給して、律令とは異なる権力の源泉とした。

　院の政治基盤は、院の知行国の公領からの収入や、官職は低いが受領として財をなした者たち（院の近臣）の財力によって支えられていた。彼らを通じて上皇やその周りの女性たちのもとには、京周辺で行われる仏事や儀礼の費用をまかなうための荘園が集積していった。

第2節　院政期の社会

　院政期には、奥州藤原氏など、緩やかな「独立国家」のようなものがあり、「私的」権力が散在し、権威とともに実力をもちあわせる者たちがいた。この多様性こそが中世らしさといえよう。

権力が一極集中しなくなると、文化も中央から地方へと普及していった。中央で始まった浄土教は、武士・庶民・聖・上人らの活動とともに地方に広まっていき、地方にも浄土教の教えを表現する阿弥陀堂建築がみられるようになった。例えば、中尊寺金色堂（岩手）、富貴寺大堂（大分）、白水阿弥陀堂（福島）などがある。

　また、地方への普及だけでなく、中央では、文化の担い手の階層も広がっていった。例えば、後白河上皇が民間の流行歌謡である今様を学んで、『梁塵秘抄』を編んだことは、今様という文化が、庶民から上皇にまで広がっていたことを示している。田楽や猿楽などの芸能も、庶民だけでなく貴族の間にも広まっていった。インド、中国、日本の説話を集めた『今昔物語集』には、庶民や武士などの姿が書かれており、ここでも文化の担い手が貴族だけではなく、武士や庶民にまで深く広がったことを示している。絵巻物もこの頃から流行した。絵巻は字が読めない層にも物語を理解することを可能にした。

第3節　保元・平治の乱と平氏政権

　鳥羽法皇が死去すると間もなく、鳥羽の立場を継承した後白河天皇と、鳥羽と対立していた崇徳上皇とが争うことになった。

　崇徳上皇は、摂関家の継承をめぐって兄の藤原忠通と争っていた藤原頼長をひきこみ、源為義や平忠正らの武士を従えて、後白河天皇と対立した。後白河天皇は、藤原頼長と対立関係にあった藤原忠通とむすんで、平清盛や源義朝らの武士を味方につけた。

　後白河天皇は、清盛や義朝に上皇方を攻撃させてこれを破った。その後、崇徳上皇は讃岐に流され、源為義や平忠正らは処刑された。1156（保元元）年におきたこのできごとを、保元の乱という。それまでの武士は、平将門の乱、藤原純友の乱などを鎮圧するという、朝廷のもつ軍事力であったが、政治の主体ではなかった。一方で保元の乱では、武士は天皇や摂関家の争いに動員されるという性格をもつものであった。

　保元の乱で勝利した後白河天皇は上皇となり、院政を始めた。そのもとで、平清盛と藤原通憲（信西）が権勢を誇った。これをこころよく思わなかった藤原信頼とむすんだ源義朝、源義平、源頼朝らが挙兵し、信西を自害に追い込むも、平

清盛に敗れた。1159（平治元）年におきたこのできごとを、平治の乱と呼ぶ。

　平治の乱は、天皇家や摂関家の争いだけではなく、源氏と平氏という武士団同士の争いが政治を左右する事態となったことを示している。

　保元の乱では、貴族社会内部の争いも武士の実力で解決されるようになり、一方で平治の乱は、台頭してきた武士団同士の衝突という側面ももっていた。これによって武士の存在感が増大し、武士のもつ武力が政治を左右することとなり、時代は武士のものへと変わっていった。

　そこで登場したのが、平治の乱に勝利した平清盛である。清盛は太政大臣となり、清盛の一門は、高位高官を寡占するという貴族的な政治基盤をもちながら、主に西国の武士と主従関係を結んで家人化し、その一部を地頭に任命するという武士的な政治基盤をも保持していた。

　一方で清盛は、日宋貿易を積極的に行った。日宋間に正式な国交はなかったが、私的な貿易や、僧侶、商人の往来がさかんであった。この貿易では、大量の宋銭が輸入され、以後の日本の貨幣経済を基礎づけることになった。

　平清盛は強引な手法で貴族政権をのっとろうとしたが、これに対して貴族社会では、反平氏の運動があったものの、平氏を揺るがすまでにはいたらなかった。しかし、平氏は貴族社会すべてを手に入れることはできず、それが平氏政権の限界を示していた。

第4節　鎌倉幕府の成立

　治承・寿永の内乱とも呼ばれる、いわゆる源平合戦は、平氏が京都から西国に移って、一時期は九州から巻き返すほどの勢いをみせたが、1185（文治元）年に壇ノ浦の合戦で敗れると、平氏政権は終焉を迎えた。これと前後して、源頼朝によって鎌倉幕府が開かれた。

　鎌倉幕府成立の時期については諸説あるが、大まかにいえば以下の6つの説がある。

　ひとつは、1180（治承4）年の源頼朝の挙兵と鎌倉入りである。2つ目は1183（寿永2）年に東海、東山両道の支配権を認める宣旨を源頼朝が与えられたことを重視した説である。3つ目は1184（元暦元）年、源頼朝が公文所・問注所を設置したことに重きをおく説である。4つ目は1185（文治元）年、源頼朝が守護・地

頭設置の勅許を獲得したことをきっかけとするものである。5つ目は、1190（建久元）年、源頼朝が右近衛大将、日本国惣追捕使に任命されたことを契機とするものである。6つ目は1192（建久3）年に源頼朝が征夷大将軍に任じられたことを幕府の成立とする説である。

　鎌倉幕府成立の時期をいつにするかは、幕府の性格をどのように考えるかによって異なってくる。幕府を東国武士団の政権ととらえるならば、最初の頼朝の鎌倉入りが重要となってくる。また、この東国武士団の政権を朝廷が認めたことによって幕府が成立したと考えると、2つ目の寿永2年の宣旨が重要な要素となる。

　以上のように、鎌倉幕府を、東国武士の連合政権とみるか、また、朝廷に認められなければならないものだとするのか、あるいは武士たちの自前の政権とみるかなどで意見は分かれる。これが、当時の国家の多様性を示していよう。

　当時の国家観については、2つの説が示されている（図3-1）。ひとつは権門体制論である。この考え方は、天皇を中心に武家、公家、寺家が相互補完的に国家を成り立たせていたという考え方である。これにしたがえば、鎌倉幕府は、国家の警察・軍隊を担う立場にあったことになる。

　もうひとつの国家観として、鎌倉幕府をひとつの国家と見なす、東国国家論と呼ばれる考え方が提示されている。これにしたがえば、中世の日本には、朝廷と鎌倉幕府の2つの国家があったことになる。

　この2つの説は、研究者の間で1980〜1990年代に対立的にとらえられていたが、説明概念として用いやすい権門体制論が、東国国家論に対してやや有利な立

権門体制論

天皇を中心に、公家、寺家、武家が相互補完的に政権を支える存在であったとする説。

東国国家論

中世には2つの国家があったとする説。

図3-1　中世前期の国家観

場を保ちながら、議論自体は収束していった。

　幕府の成立をいつとするかはおくとして、1184（元暦元）年には、公文所・問注所が設置され、すでに設立されていた侍所とともに鎌倉幕府の中枢を担当する機構が整備された。

　鎌倉幕府の機構は簡略的で実務的であった。御家人の統率や鎌倉中の警察権は侍所の職掌となった。一般的政務を行う公文所は、源頼朝が三位となると、三位以上の貴族が開設を許される政所という名称へと変更された。裁判を受け付けるために、問注所も開設された。

　また、地方には守護、地頭が設置された。守護の職掌は大犯三か条と呼ばれた。三か条とは、京都大番役の催促、謀叛人の逮捕、殺害人の逮捕の３つである。京都大番役の催促とは、一国単位で京都大番役が割り当てられると、割り当てられた国の守護が、担当国の御家人たちを引率し、京都で上皇や天皇の御所を警備させる行為のことである。

　謀叛人の逮捕とは、国家を倒そうと画策した人の逮捕を示している。この時期の謀叛人認定の権限は、幕府にあったという説も最近示されている。また殺害人の逮捕は、凶悪犯罪者の逮捕のことを示している。

　一方で地頭は、荘園や公領に置かれた。特に東国では、当時の荘官（現地の荘園管理者）がそのまま地頭に任命されたものが多かった。しかし西国には地頭のいない荘園も少なくなかった。

第3章

鎌倉幕府の政治史

第1節　鎌倉幕府政治の三段階

　150年ほど続いた鎌倉幕府の政治史は、将軍独裁、執権政治、得宗専制の3段階に分けられる。

　源頼朝に象徴されるように、将軍が専制的に政治を行うのが将軍独裁期である。

　頼朝の死後には、頼朝の子の源頼家、源実朝と将軍職は継承されていったが、頼家の頃には、御家人中心の政治を求める動きが強まり、大江広元ら朝廷の官人出身の頼朝側近と、北条時政ら有力御家人からなる13人の合議制によって政治が行われたとされている。

　源頼家は、乳母父であり舅でもある比企能員を頼りとしたが、頼朝の妻である北条政子の父、北条時政は、仏事を理由に比企能員を呼び出して、これを討った。そして頼家の子の一幡のいる小御所を攻めて比企氏を滅ぼし、逃げのびた一幡も後に殺害された。1203（建仁3）年におきたこのできごとを比企氏の乱という。頼家は将軍職を廃されて伊豆に流され、やがてかの地で暗殺された。北条時政は、将軍に頼家の弟の実朝を立て、幕府の実権を握った。

　1205（元久2）年、時政は後妻の牧の方一族とともに、将軍実朝を廃して、頼朝の猶子（養子と違って相続権のない擬制的な親子関係）である平賀朝雅を新たに将軍にすえて、自分は実質的な政治の実権を握ろうと試みた。しかしことが露見すると、その強引なやり方に反感を覚えた御家人らによって機先を制され、時政の意図は完遂することはなかった。孤立した時政は出家し、牧の方とともに鎌倉から伊豆へ追放された。

　時政の子の義時は、侍所の別当（長官）であった和田義盛を1213（建保元）年に滅ぼし（和田合戦）、政所と侍所の別当を兼任するようになっ

写真3-1　願成就院にある北条時政の墓（静岡県伊豆の国市）

た。義時は執権となり、その後の北条氏による執権政治の礎となった。

第2節　承久の乱

　朝廷では後鳥羽上皇が院政を敷き、朝廷の政治の立て直しをはかった。さらに西面の武士をもうけて軍事力の増強をはかり、朝廷の勢力の挽回に意を注いだ。1219（承久元）年に上皇が信頼していた源実朝が暗殺されると、朝幕関係は不安定となり、上皇は西国の武士を中心に、北条義時追討の命を発した。

　一方で、東国武士の大多数は、北条政子の言葉に応じて幕府のもとに結集した。そして義時の子の北条泰時、義時の弟の北条時房らの率いる軍勢は京都に迫った。

　1か月程度で朝廷軍を平定した泰時と時房は、六波羅探題として、朝廷の監視と京都内外の警備、および西国の統轄の任を担うことになった。仲恭天皇は廃され、後鳥羽上皇は隠岐に、土御門上皇は土佐（のちに阿波）に、順徳上皇は佐渡に流された。1221（承久3）年におきたこのできごとを承久の乱という。

　承久の乱後もひきつづき院政が行われたが、大きな勢力をもつにはいたらなかった。それまで並立関係だった朝廷と幕府も、幕府優位のものとなり、朝廷内のことに幕府が干渉するようになった。また、上皇方についた貴族や武士の所領を没収し、戦功のあった御家人をそれらの地頭に任じた。承久の乱後の地頭を新補地頭と呼び、その中で、得分の少ない者などについては新たな基準である新補率法を定めて、地頭の得分を決めた。

第3節　執権政治

　1224（元仁元）年に北条義時が没すると、当時六波羅探題であった泰時は、時房とともに鎌倉へ戻り、北条政子の後押しを得て泰時が執権に、時房が連署となって幕政を主導し、その後、九条頼経を将軍にすえた。

　泰時は評定衆を設置し、有力御家人や文筆などの政務にすぐれた11名をこれに任じて政務を合議で行った。1232（貞永元）年には御成敗式目を制定して御家人たちに広く示した。式目は、頼朝以来の先例や、武士社会での習慣、道徳などの、道理と呼ばれる考え方に基づいたものであった。こうして完成した式目は、武家の最初のまとまった法典となった。また、その後に追加して出された法令は式目追加とよばれ、以降も法令は追加されていった。評定と式目に裏付けられた

政治方式は、本格的な執権政治と評価できる。

　しかし、御成敗式目は幕府の御家人にかかわる裁判にのみ適用されるもので、朝廷の支配下には律令の系統を引く公家法や、荘園領主のもとでは本所法が、効力をもち続けていた。例えば、娘に所領を譲ることを約束しても、後になって譲るのを止める「悔返し」は、公家法では認められていなかったが、式目では認められているというような違いがあった。

　泰時の子の北条時氏が早世すると、泰時のあとに執権の職を継いだのは時氏の長男である北条経時であった。しかし経時も早世すると、緊急に経時の弟の北条時頼が執権となった。

　1247（宝治元）年に時頼は、三浦泰村一族を滅ぼして（宝治合戦）、六波羅探題であった重時を連署に招き執権の地位を固めた。重時の邸宅には、初めて評定所が建てられた。時頼は自分の政治力の根拠を強固なものにするために、北条氏宗家のことを得宗家と称して、他の北条氏や御家人らと一線を画した。得宗の語は、緊急に執権となった時頼が、自らの権威の源泉を北条義時に託したものだといわれる。義時に得宗という称号を付与し、自らがその後継者であると喧伝して、それを根拠に自身の支配権を強固なものとしたのである。

　また、時頼は朝廷に対して政治の刷新を求めた。これを受けて後嵯峨上皇の院政のもとで院評定衆が置かれ、朝廷でも評定による政治が行われるようになった。

　さらに時頼は、幕府に引付を設置して引付衆を任命し、御家人たちの所領に関する訴訟を担当させ、迅速で公正な裁判の確立を目指した。引付のリーダーである引付頭人には評定衆が就任した。引付は、判決原案を作成して評定に提出する役割を担った。

第4節　蒙古襲来と日元関係

　13世紀の初頭、モンゴル高原ではチンギス＝ハンが登場する。彼は諸部族を統一し、その後継者たちは、東ヨーロッパにまでおよぶ大帝国を築いた。チンギス＝ハンの孫のフビライ＝ハンは、大都に都を定め、国号を元と改めて、朝鮮半島の高麗にも版図を広げていった。日本にもフビライの使者がやってきて朝貢を迫ったが、朝廷では判断できず、すべては幕府に委ねられた。幕府は元の要求を無視し、結果的に徹底抗戦の方針がとられることになった。

写真 3-2　発掘された石築地（福岡県福岡市）

　1274（文永 11）年、元は高麗の軍勢を含めた約 3 万人を日本に派兵した。元軍は対馬・壱岐を攻め落とした後、博多湾にまで侵攻した。幕府は、九州地方に所領をもつ御家人を動員してこれを迎え撃った。戦法の違いなどで幕府軍は苦戦したが、元軍の損害も少なくなかった。内部争いもあり、元軍は退却した。これを文永の役という。

　幕府は、北条時宗を中心に再襲来への対応を模索した。九州に所領をもつ御家人たちに加え、九州地方に所領をもつ武士（非御家人）も動員して博多湾に石築地（石塁）（写真 3-2）を築かせ、九州北部や長門国の警備をさせる異国警固番役を強化した。さらに、九州等の守護に北条氏一族を任命して防衛体制を整えた。幕府は 2 度目の蒙古襲来（弘安の役）でも苦戦したが、折からの暴風雨によって元軍は再び退却を余儀なくされた。2 度にわたる元軍の襲来を蒙古襲来という。蒙古襲来の後、幕府は博多に鎮西探題を設置し、再襲来に備えた。

　正式な国交がなく、私的な商船の往来があるのみであった日元関係だが、蒙古襲来の後でも、商船が往来することがあった。例えば、北条時頼が創建した鎌倉の建長寺を修造するための費用を得るため、1325（正中 2）年に鎌倉幕府は、元に建長寺船を派遣して、その貿易による利益を修造の費用に宛てた。

　また、後醍醐天皇の菩提を弔うために、足利尊氏を開基とし、夢窓疎石を開山として招来し、創建が始まった天龍寺は、元との貿易による利益で創建費用を調達することを決めて、1342（康永元）年に天龍寺船を元に派遣した。貿易が成功して造営費を入手すると、天龍寺の造営は完成した。その後天龍寺は、京都五山のひとつとなって隆盛した。

第 5 節　得宗専制

　13 世紀後半以降の幕府は、評定衆による会議の前に、得宗の私邸で行われる寄合によって様々なことが決められ、寄合の決定がそのまま評定の決定となる事態となった。

　この頃に、評定を経る手間を省いて、得宗による寄合の判断どおりに政治が動

く、得宗専制ともいえる体制が築かれた。

　1285（弘安8）年、鎌倉では、得宗家の直属の被官である御内人の平頼綱が、有力御家人の安達泰盛を滅ぼした。これを霜月騒動という。頼綱は1293（永仁元）年に時宗の子の貞時に討たれた（平禅門の乱）。その後、貞時は善政を求めて引付の数を増やすなどの努力をしたが、よい結果は得られず、引きこもってしまった。これをふまえると、得宗が常に専制政治を行いえたのか、一考の余地があるかもしれない。

第6節　鎌倉幕府の滅亡

　鎌倉幕府滅亡の要因はいくつか考えられる。蒙古襲来で戦った御家人たちが、十分な褒美を与えられなかったこと、御家人の所領の分割相続がくり返され、御家人ひとりあたりの取り分が少なくなって窮乏化したことなどが挙げられる。

　また、西国の悪党の活動も、幕府が頭を痛めたことであった。悪党の多くは、西国に勃興した新興武士たちで、荘園領主から幕府に訴えられた人々である。この訴えにより、彼らは悪党と認定された。彼らは荘園に侵入し様々なものを奪い取ったりするなど、乱暴狼藉を働いた。

　近年の研究では、悪党として名高い楠木正成は、駿河国に所領をもつ東国御家人の出身であったが、おそらく幕府から与えられた和泉国若松荘に移ったところで、守護代にそこの権益を奪われ、それに対抗したために悪党と名指しされるようになったといわれている。つまり、幕府の御家人で西国に所領をもつ者が現地に赴任し、悪党化していった例もあったと考えられるのである。

　六波羅探題は、荘園領主から訴えられて悪党と名指しされた勢力が御家人であっても討伐しなければならなかった。そのため御家人たちのなかには、六波羅探題と敵対することになる者もいたはずである。

　御家人や自分の被官であっても、討伐しなければならなくなった六波羅探題は、本来ならば自分の戦力となる集団から、敵対する勢力が生まれるという矛盾した構造を抱え込むにいたった。これによって六波羅探題の混乱は増していき、それが探題に対する不満へと高まっていったと考えられる。

　幕府は悪党の討伐のために関東から軍勢の派遣をくり返したが、結局のところ、大きな成果は挙げられていなかった。これは東国の御家人にとって大きな負担と

なり、討幕の機運が高まったのであろう。幕府は1333（元弘3）年に、新田義貞を中心とする東国の武士たちの攻撃を受けて滅亡した。その数日前には足利尊氏らによって六波羅探題も攻め落とされ、探題であった北条仲時は鎌倉を目指して敗走したが、近江国の蓮華寺で自害した。鎮西探題も御家人らの攻撃をうけて滅亡した。こうして時代は、2年間の建武の新政を経て、南北朝動乱の時代、室町時代、戦国時代へと移っていった。

図 3-2　**奮戦する竹崎季長**（宮内庁三の丸尚蔵館所蔵『蒙古襲来絵詞』より）

写真 3-3　**自害した六波羅探題北条仲時らの蓮華寺境内の供養塔群**（滋賀県米原市）

写真 3-4　**新田義貞が討幕の兵をあげたといわれる生品神社**（群馬県太田市）

写真 3-5　**足利尊氏が討幕の兵をあげたといわれる篠村八幡宮**（京都府亀岡市）

第4章

室町幕府と一揆の時代

第1節　室町幕府の確立

　足利義満は征夷大将軍となり、その後、将軍を辞して太政大臣となった。義満は、幕府と朝廷との2つの頂点を極めたのである。義満の時代の1392（明徳3）年には南北朝の合一がなされ、内乱は名実ともに終結した。南北朝時代から室町時代へと時代が変わる画期をここに求めることができるだろう。また、義満の妻は天皇の准母（名目上の母）と呼ばれた。朝廷は義満の死後に、天皇の父として太上天皇の称号を贈ろうとするも、息子の義持がこれを辞退している。

　義満は、南北朝期に半済令や守護請などで勢力を高めた守護の、勢力削減に努めた。1390（明徳元）年に、まずは美濃、尾張、伊勢の守護であった土岐康行を攻めてその勢力を削いだ（土岐康行の乱）。翌年には、西国の守護11か国の守護を兼任し、66か国ある日本の6分の1の守護を占める者として、「六分の一衆」と呼ばれた山名氏の一族であった山名氏清らを滅ぼした（明徳の乱）。その後、1399（応永6）年には有力守護であった大内義弘を攻め滅ぼした（応永の乱）。

　14世紀後半には京都の市政権が朝廷から幕府へと移っていった。例えば、京都の警察権および民事裁判権、土倉・酒屋などに対する課税権などである。全国に賦課する段銭の徴収権も、朝廷から幕府に移された。

　義満は京都の室町に花の御所を造営したので、この幕府は室町幕府と呼ばれるようになった。

　室町幕府は、中央に管領をもうけて政務を補佐させ、京都の治安を維持するために侍所を設置して、警察権を行使した。管領には、原則として細川、斯波、畠山の三氏（三管）から交代で就任した。侍所の長官には、原則として京極、山名、赤松、一色の四氏（四職）から任命されたが、土岐氏などの就任もみられた。有力守護は在京して幕政を運営し、領国は守護代が統治していた。この点においては、室町幕府は中央集権的な体制をとっていたといえよう。

地方では、足利尊氏の子の基氏が鎌倉府を開き鎌倉公方となり、基氏の子孫が世襲した。鎌倉公方を補佐するのが関東管領であり、上杉氏がこれを世襲した。鎌倉公方と関東管領、京の幕府の関係は不安定なものであり、彼らはしばしば対立した。こうした対立は、関東における戦国時代の前提となった。また、九州探題、奥州探題、羽州探題も設置された。

第2節　室町幕府の基盤

　室町幕府は、在京する守護の連合政権であり、中央集権的な政治機構ではあったが、寄せ集めの感が強かった。一方で地方の鎌倉府や守護代による統治は、やがて独自の支配につながり地方分権化が進んだ。ここに室町幕府の矛盾点があった。これがやがて戦国時代の群雄割拠を生み出す土壌となったのである（第4部近世篇　第1章 p.94）。

　室町幕府の軍事的基盤は奉公衆と呼ばれる幕府直轄軍であった。財政基盤には、奉公衆などが管理をゆだねられていた御料所と呼ばれる幕府直轄地からの収入、守護の分担金、地頭・御家人への賦課金、日明貿易の利益などがあった。

　そのほかにも、高利貸行を営んでいた土倉・酒屋には、土倉役・酒屋役を課した。関所などを通過する者には関銭を、津（船着場）を利用した者には津料を課した。金融業を行う京都五山の僧侶へも課税した。また、国家的行事の費用とするために田地の面積に応じて税を課す段銭や、建物の大きさや数に応じた課税である棟別銭も、守護を通して徴収していた。守護は、独自に管国で段銭・棟別銭を徴収することもあった。

　上記のように室町幕府は、御料所からの年貢収入だけでなく、貨幣収入に頼る課税体制をとっていた。

第3節　守護の分国支配

　南北朝の動乱のなかで、国ごとに武士を統括する守護の権限強化が進み、守護には大きな権限が与えられるようになった。守護は本来、大犯三か条の権限をもっていたが、それに加え、刈田狼藉、使節遵行という2つの権限を与えられたのである。

　刈田狼藉とは、裁判で係争中の田地の稲を、一方的に刈り取る実力行使をする

ことである。その実力行使を取り締まる権限が守護に与えられた。

　使節遵行とは、使節の派遣によって幕府の判決を強制執行することである。それまで幕府の裁判では、勝訴、敗訴は決められていたが、判決の通りの状況にするのは当事者たちの責任であった。しかし鎌倉後期には、判決の結果を実現化するために両使（二人の使者）が派遣されることはあったが、南北朝時代に入ると守護が使節遵行を行うようになっていった。

　一方で、守護請もこの時代に多くみられることとなった。守護請とは、領主が荘園や公領の年貢徴収を守護に請け負わせることで、最低限の収入を確保するための方策であった。

　こうして力をもった守護の中には、国衙機能も吸収して領国全体の支配権を確立し、本来は幕府が任命する守護の立場を、世襲するようになる者もいた。鎌倉幕府の守護と区別するために、世襲される守護は、「守護大名」と呼ばれることもある。

第4節　国人一揆・山城国一揆・加賀一向一揆

　一揆の本来の意味は、一致団結することである。後に一致団結して暴力行為をともなう行動を起こすようになると、暴力行為の主体である集団のことも一揆とよぶことがあった。

　南北朝の内乱期以降、国人たちが各地で一揆をむすぶようになった。

　国人とは、地方在住の武士で、主に守護の家臣となっていない者を指す。南北朝の内乱は全国的なものであったため、国人たちの所領支配は危機に瀕した。そこで国人たちは連帯し、国人相互の紛争を、幕府や守護に頼らず自分たちで解決するようになっていった。このような国人たちの地域的な結合を国人一揆という。彼らは守護の支配にもしばしば対抗した。

　室町幕府の守護在京制や応仁の乱で守護が在京している間に、彼らの領国では守護代や有力国人が力を伸ばしていった。1485（文明17）年には山城の国一揆がむすばれた。これにより、応仁の乱の終末期に山城で武力闘争を行おうとしていた畠山氏一族の軍勢を山城から追放して、8年の間、自治を行った。当時の史料では、このように下の身分の者が上の身分の者の権力をおかすことを「下極上」と記している。一般的には「下剋上」と記すことが多い。この言葉からも、中世

の混沌とした風潮が読みとれるだろう（第4部近世篇　第1章 p.94 参照）。

　北陸地方では、本願寺の蓮如による浄土真宗の布教が北陸方面でさかんに行われており、その信者達は門徒と呼ばれていた。彼らは国人とむすんで、1488（長享2）年に加賀の一向一揆を起こした。一揆は守護の富樫政親を倒し、約100年間にもわたって加賀を支配した。

第5節　惣村と土一揆

　鎌倉時代後期に村が発生し、南北朝期には自立的、自治的となって惣村が形成された。惣村の構成員は名主層や小農民などであった。彼らは村の神社の祭礼や農業の共同作業などを行い、山や野原などの共同利用地（入会地）を確保した。また、戦乱の際には惣村で自衛行為を行うこともあった。

　惣村の指導者は、おとな（長、乙名）、沙汰人などと呼ばれるような階層の人々がこれにあたった。寄合（村民の会議）が行われ、村の規約である惣掟が制定され、村民自身が警察権を行使する、地下検断（自検断）も行われた。

　彼らは一揆をむすび、荘官の免職などを求めて荘園領主のもとに押しかける強訴や、耕作を放棄して山林に逃げ込む逃散などを行い、領主に対抗した。このような惣村の結合をもとにした百姓たちの一揆を土一揆という。

第6節　徳政を求めて

　1428（正長元）年、運送業者である馬借の蜂起をきっかけに、山城から畿内一帯に波及した土一揆が、六代将軍足利義教の代始め徳政を要求した。これが正長の土一揆である。代始め徳政とは、ここでは、足利義教の将軍就任によって誕生した新政権が善政を行うことを示すために、特別に犯罪者を解放（恩赦）したり、新たな法令を出すことを示す言葉である。徳政とは本来、良い政治という意味であるが、土一揆はこの代始めに、借金の棒引きと所領のとりもどしを認める徳政を要求したのである。土一揆には、馬借や百姓だけでなく、困窮した武士や都市民などの多様な人々が参加していた。

　徳政を要求したこの土一揆は、京都の土倉、酒屋を襲い、借金や土地売却の証文を破棄して、実力行使によって自分達の要求を実現させた。徳政令が出ていないにもかかわらず、実力行使によって債務破棄や売却地のとりもどしを行うこと

を私徳政という。

　この徳政一揆が近畿地方やその周辺に広がり、各地で、私徳政が行われた。1429（永享元）年の播磨の土一揆は、徳政のほかに守護赤松氏の家臣の国外追放も要求した。1441（嘉吉元）年の嘉吉の土一揆は、暗殺された足利義教の跡を嗣いだ将軍足利義勝の代始めに、京都を占拠し徳政を要求した。幕府はついに土一揆の要求を受け入れ、初めて徳政令を発布した。以後も各地で土一揆が発生し、幕府も徳政令を乱発した。

　ただし、幕府は何の見返りもなく徳政令を出したわけではない。幕府は分一徳政令なるものも発布した。分一徳政令の運用には2種類ある（図3-3）。

　1つ目は、借金の貸し主が、貸付額の10分の1の分一銭を幕府に支払うと、その案件に限っては徳政令を適用しないというものである。貸し主は、貸付額の1割を幕府に支払う代わりに貸付金の支払いを借り主に求めることができるものであった。これによって、幕府は貸付金の1割を得ることができた。

　2つ目の運用は、借金の借り主が幕府に借金額の10分の1の分一銭を支払うと、徳政令が適用され、借金が棒引きにされるというものである。この場合、借り主は借金の1割の支払いだけで、残り9割の借金を支払わずにすむことになり、幕府も借金の1割を得ることができた。なお、分一銭の額は借金額の5分の1のときもあった。

　いずれにしても分一徳政令は、幕府がほとんど何もせずとも借金の1割または2割を手に入れられるものであった。こうした法令はさらなる経済の混乱を招い

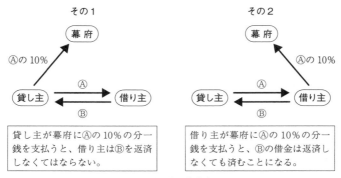

図 3-3　分一徳政令

た。元来、幕府は貨幣収入に依存しており、経済の混乱は、幕府財政や幕府の存立基盤にも大きな影響を与えた。

第7節　応仁の乱

　1467（応仁元）年に応仁の乱が始まった（第4部近世篇　第1章 p.93 参照）。当初は細川勝元と山名持豊の対立に始まり、それに将軍の後継者争いや畠山・斯波両家の家督争いが複雑にからんで、11年もの間、京都を舞台に戦乱が続いた。室町幕府の守護在京政策もあり、守護は在京して戦闘にかかわらざるを得なかったが、1477（文明9）年に和議がむすばれると、多くの守護は領国に下った。しかし争乱は以後も多様な地域に広まった。また、これにより守護在京制も崩壊した。

　こうして中央集権的でありながら地方分権的でもあった室町幕府は、京都周辺にしか影響力を及ぼすことができなくなり、幕府の地方分権的性格は、応仁の乱を介して戦国大名の領国形成を促進した。各大名は、分国法とよばれる独自の法律を策定するなど、より地方分権的な様相を呈し、地方分権というよりはむしろ、独立国家の乱立ともいうべき状態となった。こうした多様性と複雑さという中世らしさをよく表すのが、戦国時代であったといえよう。室町幕府は、戦国時代の争乱のなかで滅亡していった。

第5章

中世の文化史──後期を中心に

第1節　鎌倉時代の文化

　中世後期の文化の前提として、ここでは鎌倉時代の文化に少しだけ触れておく。鎌倉時代の文化では、それまでの伝統文化は公家たちが受け継ぎ、武士や庶民たちは新しい文化を担っていった。特に慶派と呼ばれる仏師たちが作成した東大寺南大門金剛力士像などは、質実剛健な武士の精神を反映したものとなった。

　また院政期以来、今様や田楽・猿楽などは幅広い階層によって担われていた。宋や元から来日した僧侶らも、中国の文化を日本にもたらし、新しい文化を形成していった。

　鎌倉時代で忘れてならないのは、いわゆる鎌倉新仏教の登場であろう。それまでの仏教は、一部の僧による祈祷や学問が中心であり、庶民の個人的な救済を求めるものではなかった。しかし、いわゆる鎌倉新仏教は、庶民なども対象とするもので、個人の救済は、選びとられたひとつの道によってのみ行われるというものであった。ひとつの道とは、念仏、題目唱和、坐禅などである。特別な技術や知識を必要としないこれらの方法は、庶民によって歓迎されることとなった。

　念仏（南無阿弥陀仏）を唱えることによって救われることを説いたのは、法然や親鸞、一遍などであった。法然は浄土宗の開祖とされ、ひたすら念仏を唱えること（専修念仏）によって極楽往生できることを伝えた。法然の弟子であった親鸞も念仏を重視し、浄土真宗の開祖とされた。親鸞は悪人正機説を唱え、悪人こそが救済されるとした。一遍は踊りながら念仏を唱える踊り念仏によって民衆に布教した。

　一方で、関東を中心に大きな勢力をもったのが、禅宗である。坐禅は12世紀末頃、宋に渡った天台宗の僧の栄西によって伝えられた。栄西の教えは、公家や武士にも大きく広がって、栄西は禅宗のひとつである臨済宗の開祖となった。

　鎌倉幕府は臨済宗を重視した。南宋から来日した蘭溪道隆は鎌倉幕府に招かれ、

写真 3-6　円覚寺山門
（神奈川県鎌倉市）

北条時頼を開基とする建長寺（**Column 3-1** p.83）の開山となった。同じく南宋から来日した無学祖元も鎌倉幕府に招かれ、北条時宗を開基とする円覚寺の開山となった（写真3-6）。

　一方、禅宗のなかで、ただひたすらに坐禅に徹せよと説いたのが、曹洞宗を開いた道元である。道元は、越前に永平寺を開き、その弟子たちが布教をしていったので、曹洞宗は広く地方に広がっていった。

　日蓮は、法華経の題目（南無妙法蓮華経）を唱和することによって救われるとして、日蓮宗の開祖となった。

　一方で、既存の仏教のなかでも、精力的に活動する僧侶もあった。仏教本来の戒律を重視した法相宗の貞慶（解脱）や華厳宗の明恵（高弁）らは、南都仏教の復興をめざした。

　また律宗の叡尊（思円）と忍性（良観）らは、奈良に北山十八間戸を建て、貧しい人々や病人の救済や治療を行った。また工人や職人を組織し、各地で橋を架けたり石造物を作成して、全国規模での社会活動を行った。忍性はのちに鎌倉幕府に乞われて鎌倉を訪れ、奈良と同様に、貧しい人々や病人の救済や治療を行った。

第2節　中世後期の文化

　中世後期には3つの文化があった。ひとつは南北朝期の文化、2つ目は北山文化、3つ目は東山文化である。

　この時期には、京都に室町幕府が置かれたことによって、武家文化と公家文化の融合が進んだ。これは文化の担い手の多様化をうながした。また、日明貿易など東アジア地域との活発な交流により、大陸文化と日本の伝統文化の融合が進んだ。これは国際文化の日本化を促進させた。さらに惣村や都市の発達によって、惣村文化と都市民衆の文化も融合していった。これは地域を超えた文化の広がりを示している。

　こうした経緯で成熟していった文化は、独自の発展をとげ、能や狂言、茶の湯、

　日宋間では正式な国交はなかったが、平清盛は摂津の大輪田泊を修築して日宋貿易を推進し、重要な財源とした。特に大量の宋銭の輸入は、以後の日本の貨幣経済を基礎づけるものであった。

　元との関係では蒙古襲来があった。元の日本遠征が遅れたのは、高麗での三別抄の乱の影響があったからだともいわれている。

　蒙古襲来の後にも私的な日元貿易があり、建長寺の修造費用を捻出するため、1325（正中2）年には元に建長寺船が送られ、1342（康永元）年には、天龍寺船が送られて、寺の修造や造営の費用をまかなった。鎌倉大仏建立の資金源としても貿易船を送る計画があったようである。1976（昭和51）年に韓国新安沖で発見された沈没船は、東福寺が送った貿易船だといわれている。

　明が建国されると、近隣諸国に通交を求めた。足利義満はこれに応じて使者を派遣した。ここに日本が中国に朝貢する関係が生まれ、朝貢貿易が始まった。義満の子の義持はこの貿易を中止させたが、義教の時代に復活した。

　朝貢貿易では、滞在費、運搬費はすべて明が負担し、日本には大きな利益がもたらされた。この貿易には、倭寇と呼ばれる海賊と区別するために、勘合が用いられた。この頃の倭寇を前期倭寇といい、日本人と高麗・朝鮮人が主体となっており、東アジア海域で猛威をふるったが、日中の国内が落ち着くと沈静化していった。

　日明貿易でも、大量に明銭が輸入されたため、日本の貨幣経済がより進展することとなった。

　応仁の乱などで幕府が衰退すると、貿易の権利は細川氏と大内氏の手に移った。1523（大永3）年には寧波の乱が起きる。これは、堺の商人とむすんだ細川氏と、博多商人とむすんだ大内氏が、中国の寧波で貿易権をめぐって争ったものである。

これに勝利した大内氏が、貿易を独占するようになったが、戦乱により大内氏が滅亡すると、貿易は中断され、秩序を失った東アジア海域では再び倭寇が活発化した。この頃の倭寇は後期倭寇と呼ばれ、日本人や朝鮮人は少なく中国人が主体であったが、豊臣秀吉政権の取り締まりなどによって沈静化していった。

写真 3-7　建長寺（神奈川県鎌倉市）

生け花など、現在の文化の基礎となった。

第3節　南北朝期の文化

　南北朝文化には、南朝と北朝という分裂した社会において、自らの存立基盤を論理的に説明しようとすることが求められた結果、生まれたものが多くあった。思想性の高い歴史書では、後鳥羽天皇の頃から、後醍醐天皇が隠岐から京へ帰還するまでを、公家の立場から記した『増鏡』や、神代より後村上天皇までの歴史を天皇を中心に記し、南朝が正統であることを記した北畠親房の『神皇正統記』が挙げられる。一方で足利氏の幕府創立の正当性を示した『梅松論』が記された。軍記物語では、南北朝の動乱を書く『太平記』が登場する一方で、今川了俊が今川氏の歴史を書きつつ、北朝の立場で『太平記』の誤りを訂正する著述を含む『難太平記』も著された。

　朝廷儀礼を行う方法を記す有職故実書は、特に南朝側で重視され、後醍醐天皇自らが、『建武年中行事』を著し、後醍醐とともに南朝の中心にあった北畠親房も『職原抄』を書いて、有職故実を残す努力を続けた。

　この頃の文化は広い階層に受け入れられた。和歌の上の句と下の句を一座の人々が継いでいく連歌が武家・公家を問わず広く流行した。ただし、武家と公家とではルールが違うこともあったようである。茶寄合が各地で行われ、茶の異同を飲み分ける闘茶が、多様な人々に親しまれた。このような文化の階層を超えた広がりは、中世の文化が、身分的に上からのみ生まれたのではなく、庶民によって下からも担われたことを示しており、中世の文化の多様性を示している。

第4節　北山文化

　足利義満は、幕府が安定してくると、京都の北山に山荘を建立した。これが後に鹿苑寺となる。この鹿苑寺の中にあるのが、金閣である。金閣は、伝統的な寝殿造風建築に禅宗様を加えた建築様式であった。北山の金閣が、この時期の文化の特徴をよく表しているので、この時期の文化を北山文化と呼ぶ。

　この時期には臨済宗が繁栄し、禅宗寺院の序列である五山十刹が整備された。多少の変動はあるものの、京都五山は、南禅寺を別格として、天龍寺、相国寺、建仁寺、東福寺、万寿寺と定められた。鎌倉五山は、建長寺、円覚寺、寿福寺

（写真3-8）、浄智寺、浄妙寺の5つである。

中国からの渡来僧や中国帰りの留学生が多かった五山の禅僧たちは、水墨画や建築・庭園様式など多様な文化を日本に伝えた。水墨画では明兆、如拙、周文らの画家が登場して日本の水墨画の礎を築いた。

写真 3-8　五山十刹のひとつ、寿福寺
（神奈川県鎌倉市）

五山の禅僧のあいだでは、宋学の研究や漢詩文の創作もさかんであり、絶海中津、義堂周信らの禅僧が中心となって中国文化を普及させた。

またこの頃、能が各地で行われた。なかでも興福寺が保護した金春、金剛・観世・宝生の四座は大和猿楽四座と呼ばれ、観世座の観阿弥・世阿弥親子は、足利義満の保護を受けて、猿楽能を完成させた。なかでも世阿弥は、能の神髄をまとめた『風姿花伝』などを著した。

第5節　東山文化

室町幕府の八代将軍足利義政は、京都の東山に山荘を建立し、銀閣をここに建てた。この山荘が後に慈照寺となる。この時期の文化は、東山の山荘に象徴されることから、東山文化といわれる。慈照寺にある東求堂同仁斎の建築様式は、書院造と呼ばれる。その特徴は、押板、違い棚、付書院、襖、障子、畳敷などであり、これは近代和風住宅の原型となった。書院造の住宅や禅宗様の寺院には、枯山水などの庭園がつくられることが多かった。枯山水は、山水河原者と呼ばれる賤民によって作成されたといわれている。

また、水墨画の世界では、明で学んだ雪舟が新たな水墨画の様式をつくり出した。狩野正信、元信親子は水墨画に伝統的な大和絵の技法をとりいれた。これが狩野派のおこりとなった。日本の伝統文化である茶道、花道の基礎もこの時代につくられた。

また、この時期には、民衆も参加し楽しむ文化が生まれた。能の幕間に演じられるようになった狂言も、民衆に受け入れられた。連歌も流行し、独自に発展していった。

応仁の乱によって京都が荒廃すると、京都の公家たちは戦国大名を頼り、地方

へと下っていった。これにより、京都の文化が地方にも波及していった。

　こうして中世の文化は、階層的にも地域的にも広がっていき、現代につながる文化となっていったのである。

（秋山　哲雄）

引用・参照文献 ● ● ● ● ● ● ● ● ● ● ● ● ● ● ● ● ● ● ●

秋山哲雄『鎌倉幕府滅亡と北条氏一族』（吉川弘文館、2013 年）

網野善彦『網野善彦著作集　第 5 巻』（岩波書店、2008 年）

石井進『石井進著作集　第 2 巻』（岩波書店、2004 年）

上杉和彦『源平の争乱』（吉川弘文館、2007 年）

黒田俊雄『黒田俊雄著作集　第 1 巻』（法藏館、1994 年）

佐藤進一『南北朝の動乱』（中央公論社、1965）

佐藤進一『日本の中世国家』（岩波書店、1983 年）

佐藤進一『日本中世史論集』（岩波書店、1990 年）

高橋典幸『鎌倉幕府軍制と御家人制』（吉川弘文館、2008 年）

新田一郎『太平記の時代』（講談社、2001 年）

細川重男『鎌倉北条氏の神話と歴史』（日本史史料研究会、2007 年）

細川重男『鎌倉幕府の滅亡』（吉川弘文館、2011 年）

村井章介『南北朝の動乱』（吉川弘文館、2003 年）

安田次郎『走る悪党、蜂起する土民』（小学館、2008 年）

ブックガイド ●

呉座勇一『陰謀の日本中世史』（角川新書、2018 年）……歴史上のできごとを陰謀で説明する歴史観に疑問を唱え、史料に忠実に向き合い、陰謀史観をただしていく。刺激は強いものの、歴史を相対的にみる重要性を示している。特に本能寺の変についての記述は議論を呼ぶだろう。

細川重男『鎌倉幕府の滅亡』（吉川弘文館、2011 年）……鎌倉幕府の通史をひもときながら、多くの史実を検証し、鎌倉幕府はなぜ滅んだのかという問いに対して、独自の答えを出していく。北条氏が歴史の表舞台に登場したところから、滅亡までを記しており、鎌倉幕府政治史のなかに北条氏を位置づける作業を行っている。

🌳 鎌倉の大仏 （神奈川県鎌倉市）

　鎌倉の大仏は、江ノ電長谷駅から徒歩約 10 分。
高徳院の中に野ざらしでたたずんでいる。『吾妻鏡』
によれば、1238（暦仁元）年に僧の浄光が大仏の
造営に着手したとある。この大仏には謎が多く、
『吾妻鏡』では 1241（仁治 2）年に大仏殿が上棟さ
れたとある。紀行文である『東関紀行』の作者は、
1242（仁治 3）年 8 月に鎌倉に滞在した折、造営
中の木造の大仏を見に行っている。『吾妻鏡』には、このときの大仏が木造の阿弥陀仏
であって、1243（寛元元）年に完成したと書かれている。しかし、それから 9 年後の
1252（建長 4）年には、深沢で金銅の釈迦如来像が鋳造され始めたとある。これが現在
の大仏だと考えられており、大仏殿は津波で流されたといわれている。

📍**所在地** 神奈川県鎌倉市長谷 4 丁目 2-28（大異山高徳院清浄泉寺）／**開門時間** 8：00〜17：00（入場
は閉門 15 分前まで）／**拝観料** 300 円、大仏胎内は別途 20 円／**アクセス** JR 鎌倉駅からバス約 10 分
（大仏前下車）、江ノ島電鉄長谷駅から徒歩約 7 分
HP 鎌倉大佛殿高徳院　https://www.kotoku-in.jp/

第4部　近世篇

泰平の時代へ

■概　観

　16世紀後半から17世紀前半にかけて、日本列島は激動の時代をむかえていた。15世紀の中頃から100年以上続いてきた戦国の混乱は、全国統一政権（豊臣・徳川氏）の登場によって、まさに今、鎮まりつつあった。関ケ原の戦い（1600年）、大坂の陣（1614〜15年）に勝利し、名実ともに戦国の覇者となった徳川家康 —— 混沌とした世の中を生きた彼の生涯は、まさに波乱に満ちたものであった。

　初代家康を創業者として始まった江戸時代は、よく「徳川の平和」（パクス・トクガワーナ）と称される。海外との交流は、幕府によって制限されていたが、そうした状況下において、今日、「江戸文化」と総称される、庶民を主体とした多様性に富む文化がさかえた。

　しかし、そうした反面、江戸時代は、列島の各地で様々な政治・社会・経済問題が浮き彫りになった時代でもある。洪水や火災、飢饉、地震などの災害が各地で発生し、都市部だけではなく、農村部においても、人々はその対策に明け暮れた。

　試みに17世紀、4代将軍家綱の頃のことを考えてみよう。この時期には、まさに将軍の代替わりに幕府転覆をねらったとされる由井正雪によるクーデター未遂事件（1651年）が発生。また、近世最大のアイヌ蜂起であるシャクシャインの戦い（1669年）も起きている。江戸の3分の2を焼いたといわれる明暦の大火（1657年）も、この時代を語る上で欠かすことができない出来事である。このように、文治政治への転換期、幕府政治の安定期などといわれる家綱の時代をみても、大陸で起きた明清交替を背景とする東アジア世界全体の大きな動揺のなか、様々な問題が浮上していた。

　将軍とその側近、あるいは各藩の大名とその家中らは、その都度、知恵を絞り合い、こうした問題の対応に追われた。そのなかで、幕府や藩の内部では、身分や立場の枠を越え、様々な主張をもつ政策主体が登場し、改革を担うようになった。また、地方の町や村に眼を向けてみても、村役人・町役人らを中心として、自治についての熱い議論が交わされるようにもなった。そこから生まれてくる知的欲求は、やがて、海外・異国へと向けられるようになる。上下問わず、こうした政治主体が登場してくることが、この時代の特徴のひとつといえるであろう。ここでは、戦国大名の登場から大御所時代まで、最新の研究成果をふまえた上で概観してみたい。

年　表

年　号	できごと
1603（慶長 8）	徳川家康、征夷大将軍となる
1614（慶長 19）	大坂冬の陣
1615（元和 1）	大坂夏の陣
	武家諸法度・禁中並公家諸法度発布
1637（寛永 18）	島原の乱（～38 年）
1651（慶安 4）	由井正雪の乱。末期養子の禁を緩和
1657（明暦 3）	明暦の大火
1669（寛文 9）	シャクシャインの戦いがはじまる
1671（寛文 11）	河村瑞賢、東廻り海運・西廻り海運を開く
1685（貞享 2）	生類憐みの令（～1709 年）
1702（元禄 15）	赤穂事件が起きる
	松尾芭蕉が『奥の細道』を刊行
1716（享保 1）	享保の改革始まる
1742（寛保 2）	公事方御定書が編纂される
1767（明和 4）	田沼意次、側用人となる（田沼時代　～86 年）
1782（天明 2）	天明の飢饉、翌年には浅間山の大噴火が起きる
1787（天明 7）	松平定信による寛政の改革が始まる（～93 年）
1828（文政 11）	シーボルト事件
1833（天保 4）	天保の飢饉（～39 年）
1837（天保 8）	大塩平八郎の乱
1841（天保 12）	天保の改革（～43 年）
1853（嘉永 6）	ペリーが浦賀に来航

第1章

・・・・・・・・・・・・・・・・・・・・・・・・・・・・・・・・・・・・

戦国大名の登場

（15〜16世紀）

第1節　民衆の台頭

　「15世紀」とは、どのような時代であったのだろうか。古くから応仁の乱（1467年）はよく知られてきたが、この時代全体の様相について簡潔に説明できる人は少ない。例えば、各出版社によるマンガ日本の歴史シリーズにおいても、「立ち上がる民衆」（小学館）、「武士の成長と室町文化」（集英社）、「二つの朝廷」「戦国大名の登場」（角川書店）、「室町幕府と立ち上がる民衆」（学研）などと、この時代のとらえ方は様々である。幕府に焦点をあてるか、あるいは下層の民衆の動向に注目するかで、この時代に対する歴史観は大きく分かれる。一方でこの時代には文化人の活躍も目立つ。一休宗純をはじめ、雪舟、世阿弥など、いわゆる「日本文化」のパイオニアたちが、この時代を生きた。もちろん、現在の多様な日本文化を考えると、必ずしもこうした理解は適切ではないが、この時期を伝統的な「日本文化」と呼ばれてきたものの形成期といってもよいだろう（第3部中世篇　第5章 p.86を参照）。それと関連して、15世紀は、庶民（民衆）が台頭する時代でもあった。なぜ、この時代に庶民が台頭したのであろうか。本章では、応仁の乱の背後で起きていた大きな社会変動に注目していきたい。

　15世紀から16世紀にかけての社会史的な変化を考えるとき、まず重要なのは、14世紀以来進んできた技術革新にともなうモノの量産化と地方の活性化である。各地に物流の拠点となる港湾都市（地方中核都市）が形成された。室町文化が隆盛する上で、こうした中世の生活レヴェルの向上は重要であろう。この文化を代表する一休や雪舟、蓮如らの活躍を支えたのはまさに民衆（庶民）たちであった。それは、盆踊りや御伽草子（室町物語。浦島太郎・一寸法師など）のような庶民的な文化がこの時期に発達したこととも関連している。では、この時期の人々の暮らしはどのようなものであったのであろうか。

　14世紀後半以降、荘園・公領の内部にできた農民による自立的で自治的な村

落のことを惣（惣村）という（第3部中世篇 第1章p.63、第4章p.78を参照）。この惣村は、守護大名の領国支配に対して、村々と連合して、一致団結して一揆や逃散（集団での農作放棄、他領や山林に逃げ込んで領主に抵抗）などの直接的な行動に出るようになったが、この時期もうひとつ注目されるのは、地侍の出現である。有力農民のなかには、守護などと主従関係を結んで武士化する人々が登場した。彼らの子孫のなかには、江戸時代に武士となった者、あるいは村に残って村役人となった者（土豪）もおり、いずれも「中間層」として時代を下支えしていくことになる。戦国期の荒廃はこれまでの歴史上まれにみるものであったが、その背景には兵器の殺傷能力の向上とあわせて、足軽と呼ばれた下層の兵士たちの行動があった。彼らの出自は多様であったが、中世から始まった技術革新が戦国時代の活動を底辺から支えていたのである。

　さて、ここで注意しなければならないのが、この時期の土一揆・国一揆・徳政一揆と江戸時代の百姓一揆の相違点である（第3部中世篇 第4章p.77を参照）。同じ「一揆」であっても、両者はその構成員が異なる。村・百姓を単位として成立している江戸時代の百姓一揆とは違い、中世の一揆は、様々な身分・階層の人々が結集しているところに特徴がある。「土民」のなかには、馬借と呼ばれる高利貸・運送業者や百姓、それから足軽も混在していた。まさにこうした混沌とした集団から、江戸時代の村を単位とした組織立てられた集団へと民衆の活動の形態が変質していく。その過渡期として戦国時代を考える必要がある。

第2節　応仁の乱

　では、「戦国時代」は、いつから始まるのであろうか。一般に、応仁の乱（1467～1477）をひとつの起点として、戦国時代に入るという見解が主流である。確かに、応仁の乱を境に、文化史・経済史・社会史・政治史それぞれの側面で大きな転換がもたらされた。特に、京都を主軸とするこれまでの歴史から、地方を中心とする歴史へと大きく転換していったことは重要である（第3部中世篇 第4章p.80を参照）。この乱の原因は、8代将軍足利義政の後継者争いに、畠山・斯波両氏の家督争いが絡み合い、対立が激化したことにあるといわれる。しかし、それだけではこの乱が長期化したことを説明できない。結果的には、当時の一大勢力であった山名持豊（宗全）と細川勝元との勢力争いが、大乱に発展した原因であ

るが、その説明も表面的である。現在、応仁の乱については、様々な角度から見直しが行われている。例えば、従来は批判的に認識されてきた日野富子についても、幕府と朝廷・公家との関係の取りもちに貢献した「優れた為政者であり文化人」として高く評価されている。また視野を広げてみれば、この時期、ユーラシア大陸も激動の時代に入ったといえる。1449（宝徳元）年、明の皇帝英宗がモンゴルのオイラトと戦って大敗し、捕虜になる事件が起きた（土木の変）。1453（享徳2）年にはオスマン帝国のメフメト2世が東ローマ（ビザンツ）帝国を滅亡させた。この頃には日本海周辺における倭寇の活動も強まり、東アジア世界が大きく動揺した。日明貿易（勘合貿易）を重視した室町将軍にとって、その影響は決して少ないものではなかったと考えられる（応仁の乱後、日明貿易の主導権をめぐって、大内氏と細川氏の争いが強まる）。

　応仁の乱は、結果として室町幕府の求心力の低下をもたらし、有力守護が在京して政治にあたる従来の体制は崩壊した。地方では、守護大名の勢力の衰退をまねき、守護代や国人の勢力の拡大へとつながったところもある（第3部中世篇　第4章 p.76 を参照）。京都の荒廃は、公家・文化人の地方への移住の動きを加速化させ、都の文化が地方へと伝播していく契機ともなった。

　このように、応仁の乱の歴史的意義はきわめて大きいが、戦国期の様相が最も典型的にあらわれているのは、1492（明応2）年の明応の政変である。これは元管領の細川政元によって足利義稙が廃されて義澄（足利政知の子）が新将軍に擁立されたクーデターであるが、まさに「下剋上」といわれてきたような混乱状況を示している。このあと畿内の政権は細川氏によって専制的に行われるようになったが、それも長くは続かず、三好長慶の登場とその家臣の松永久秀の台頭など、畿内政治は混乱した（第4部近世篇　第2章 p.98 を参照）。

第3節　戦国大名の登場

　戦国大名の先駆けは、北条早雲（伊勢宗瑞）といわれる。彼の活動を中心にこの時代の流れを追っていくことにしよう。近年の研究によると、早雲の出自は、幕府内においても一定の発言力を有するエリートであったという。はじめ足利義視のもとで仕えていたともいわれるが、やがて駿河へと下向し、今川家の家督相続をめぐる争いのなかで頭角をあらわした。将軍足利義尚のもとで申次衆、

御供衆という重要なポジションにあったことも確認される。1487（長享元）年、小鹿範満を討ち龍王丸（今川氏親）の家督相続を成功させると、その功績によって富士下方十二郷（静岡県富士市）を与えられ興国寺城の城主となった。そして、京都で明応の政変が起きると、早雲もこの動きに連動して伊豆に乱入し、堀越公方である足利茶々丸を追放して自害に追い込んだ。まさにこれは戦国時代の到来を象徴する出来事となったといえよう。

　早雲はその後も小田原城を拠点に領国を拡大し、相模国で勢力をはっていた三浦義同の一族をほろぼし、ついには相模国全土を掌握する。これが豊臣秀吉に討伐されるまで継続する後北条氏の地盤となった。早雲は、1506（永正3）年には、相模国西郡で検地を実施している。また「早雲寺殿廿一箇条」を示し、領国支配の規範を示したとも伝えられている。まさに早雲の存在こそ戦国大名の登場を象徴していると考えてよいだろう。

第4節　戦国大名の領国経営

　16世紀に入ると混乱は各地に及び、諸国で実力によって領国支配を展開する戦国大名が次々と誕生した。彼らの特徴は独立した「国家」（排他的一円支配）を形成していたところにある。戦国大名は領国経営のためにこれまでの法慣習を再編して分国法を定め、家中の自力救済を否定し、自らの権威の正当性を示した。また家臣や農民に土地の面積・収穫高などを申告させる検地（指出検地）を行い、その財政基盤とした。有力商工業者（有徳人）を通じて商工業の統制を積極的に実施した戦国大名もいる。さらに、鉱山の開発に注力し、金銀生産の飛躍的な増加を達成させた大名も登場し（甲斐・駿河・伊豆の金山など）、後の時代に大きな影響を与えることになる。なかでも16世紀前半の博多商人と出雲国の住人による石見銀山の発見は、西国大名の抗争の舞台となっただけではなく、その後のアジア貿易全体の構造を激変させていくことになった。そのほかにも、領国内の大河川の治水や灌漑に成功した大名もあらわれ、様々なレヴェルでの地方の振興がはかられた。宿駅・伝馬の交通制度の整備や関所の廃止、市場の開設などによって、地域経済と流通網の活性化に多大な貢献をもたらした。

　こうした戦国大名の活動を支えたのは、大陸（朝鮮・明等）から輸入された新しい技術や農産物の存在である。特に注目されるのが、三河などの各地で国産化

された木綿である。これらは、兵衣や鉄砲の火縄などの需要増加にともない大きな広がりをみせ、人々の生活を大きく変えていった。さらにこうした動きは、技術革新を加速化させ、各地で地方都市（「都市的な場」）が形成された。城下町、門前町、寺内町、港町、宿場町など性格の異なる多様な都市が生まれ、堺・博多・桑名などの自治都市も大いに繁栄した。こうした意味で、戦国時代はまさに地域経済の活性化の時代ともいえ、それは今日にまで大きな足跡を残している。

第5節　戦国大名の活躍

　現在、戦国大名としてその名がよく知られているのは、武田信玄や上杉謙信、あるいは毛利元就や長宗我部元親などであろう。それはドラマや時代小説などを通して、彼らの人生がクローズアップされるからにほかならない。しかし、戦国時代をより詳しく知るためには、むしろ彼らの親や祖父たちの活動に注目しなくてはならない。甲斐国内の騒乱を治めた武田信玄の父・武田信虎をはじめ、守護代から自立した上杉謙信の父・長尾為景などの功績、あるいは今川義元の父で、今川仮名目録を出した今川氏親らなど、信長としのぎを削った有名な大名たちの基盤は、その親世代に築かれたものが多い。こうした大名たちは、それぞれが国内の統一をめざし、数々の苦難を経てそれを達成していった。

　西国の大名たちに目を向ければ、遣明船の独占によって大きな利益を生みだした大内義隆をはじめ、遣明船を派遣して成功はしなかったが密貿易によって利益を得た大友義鑑、琉球との交易をめざした相良義滋など、多くの大名がアジアとの交易をめざした。後に西国大名のなかには、キリシタン大名となる者が多く出るが、その背景には早い段階から海の向こうに視野を広げていた「アジアン大名」たちの活躍があったといえるだろう。

第２章

統一政権の形成

(1543〜1615 年)

第１節　海外からみた戦国時代

　徳川家康の人気は、今に始まったわけではない。様々な困難を乗り越えて「天下人」となるその数奇な人生は、古今東西多くの人々の関心を呼んできた。比較的最近の本に限定しても、本多隆成氏の『定本　徳川家康』（吉川弘文館、2016 年）、笠谷和比古氏の『徳川家康』（ミネルヴァ書房、2017 年）、三鬼清一郎氏の『大御所徳川家康』（中公新書、2019 年）などがあり、家康は常に新しい切り口から語られてきたことがわかる。

　「戦国の覇者」となる徳川家康が誕生したのは、1543（天文 11）年のことである。まずはこの頃の日本および海外との情勢を確認しておこう。まず、当時のヨーロッパは、いわゆる大航海時代である。いちはやくレコンキスタを完了したポルトガルは、インドの直接的な交易をめざし、1488（長享 2）年、バルトロメウ・ディアスがアフリカ南端に到達した（喜望峰の発見）。1498（明応 7）年には、ヴァスコ・ダ・ガマがインドのカリカットに到着し、香辛料の持ち帰りに成功した。その後ポルトガルはマレー半島へも進出し、マカオに要塞を築いている。一方スペインは、ジェノバの商人であったコロンブスを採用し、1492（明応元）年西インド諸島への到着に成功した。以降、ポルトガル・スペインによるアメリカ大陸の侵略・植民地化が進められた。1500（明応 9）年にはポルトガルがブラジルに到達し、スペインによってアステカ帝国（1521 年）、インカ帝国（1533 年）がほろぼされた。1526（大永 6）年頃の博多商人らによる石見銀山の発見もこうした世界的規模の変動のなかで注目すべきであろう。

　そして 1543（天文 12）年、ポルトガル船が種子島に漂着し、日本に鉄砲が伝えられることになった。ここで注目すべきは、種子島に伝わった鉄砲が、複数のルートからわずかな期間で列島全体に広がっていた点である。ひとつは、豊後の大友氏から室町将軍に献上された、いわば政治的なルートである。そしてもうひ

とつは大坂の堺や紀州の雑賀衆、根来衆など民間レヴェルでの広まりである。とくに後者のルートの実態解明はきわめて困難であるが、まさにそこにこそ当時の技術力や国内経済の実態が反映されている。

　では、幼少期の家康（幼名竹千代）の様子についてみていくことにしよう。15世紀後半以降の日本は、独自に領国経営をする戦国大名による「群雄割拠」の時代となっていた。家康は、三河国岡崎の豪族松平氏を出自とするが、彼が生まれた当時、駿河には今川氏、尾張には織田氏が大きな勢力をはっており、家康自身は幼少期、駿府（駿河府中）で人質生活を送っていたといわれる。その後、家康は今川義元のもとで頭角をあらわし、大高城攻めなどで功績を残した。しかしながら、16世紀中頃、家康の生涯を大きく変える出来事が起きた。それが尾張の織田信長の台頭である。

第2節　信長の天下統一事業

　1560（永禄3）年、桶狭間の戦いによって今川義元が織田信長によって討たれると、三河や遠江の国衆の今川氏からの離反が相次いだ（三州錯乱・遠州忩劇）。これに対して家康もいち早く今川氏と縁を切り織田信長と同盟を結んだ。その後、青年期から壮年期にかけての家康は、信長とともに成長していくことになる。

　では信長の天下統一事業について、対大名政策、経済政策、宗教政策という3つの点からみてみよう。まず信長は1567（永禄10）年、美濃国の斎藤氏を滅ぼすと岐阜城を建築して、「天下布武」という印を使用し武力をもって天下を治めることを示した。信長の台頭の画期となったのは、1568（永禄11）年、足利義昭を将軍に就任させる名目で上京を果たしたことである。室町幕府は、応仁の乱後も公儀としてその権威を維持し、戦国大名の調停能力を有した。特に13代将軍足利義輝は、各大名を巧みに調停しその存在感を示していた。しかしながら1565（永禄8）年、足利義輝は三好三人衆（三好長逸・三好政康・岩成友通）らの軍勢によって攻められ非業の死を遂げた（永禄の変）。この事件によって足利義栄が将軍に就任することになるが、信長はそれに不満をもっていた足利義昭を担ぎ出して京都進出への足がかりとした。

　しかし、その後15代将軍に就任した義昭と信長の対立は深まり、ついに義昭は全国の諸大名に対して信長の討伐を命令した。これに呼応した大名らによって、

いわゆる信長包囲網が形成される。これに対して信長は、1570（元亀元）年に姉川の戦いで浅井長政・朝倉義景を打ち破り、1571（元亀2）年には比叡山延暦寺を焼き討ちした。1572（元亀3）年には同盟していた徳川家康に援軍を派遣し、武田信玄の軍勢と戦わせて敗北したものの（三方ヶ原の戦い）、信玄の急死によって難をのがれた。そして、1573（元亀4）年には将軍足利義昭を京都から追放し、室町幕府を滅亡させた。その後も信長は1575年に長篠の戦いで、足軽鉄砲隊を活用して騎馬中心の武田軍に勝利をおさめた。種子島に鉄砲が伝わって30年余りしか経っていないこの時期すでに鉄砲を主戦力とする合戦が行われたことは世界史的観点からも注目される。

　1576（天正4）年、信長は近江に安土城を築城した。この城は天皇や高位の公家の来訪を念頭に設計されている。信長は天皇・公家衆をたくみに利用し、その権威を高めることに成功した。また経済政策の面でも、関所を撤廃し、自由な営業を認め（楽市・楽座令）、流通の活発化を促進した。こうした政策は信長オリジナルのものとは言い難いが、兵農分離や農商分離という「近世化」の動きを促進したことは確かである。1582（天正10）年に、天目山の戦いで武田勝頼を倒した信長であったが、天下統一の目前、家臣の明智光秀により討たれて没した（本能寺の変）。信長と光秀の確執の要因については諸説あるが、近年では四国の長宗我部氏との対立が直接的な要因となったという見方が有力となっている。

第3節　豊臣政権の政治と外交

　本能寺の変後、信長の家臣たちによる激しい後継者争いが勃発した。この抗争の主役は、山崎の戦いで明智光秀の軍勢を退けた羽柴秀吉であった。特に秀吉にとって大きな画期となったのが、1584（天正12）年、織田信雄・徳川家康の両軍と争った小牧・長久手の戦いである。秀吉はこの頃をひとつの契機として、朝廷との接近をはかり、翌1585（天正13）年には関白となった。そして関白という地位を利用して、大名間の領地の確定を秀吉に委ねさせ、戦闘を停止させる惣無事を実施していく。近年こうした惣無事令（豊臣平和令論）を豊臣政権の政策基調であったとする見方は疑問視されているが、関白の権威をもとに秀吉が全国各地の紛争を停止していった点はきわめて重要である。1587（天正15）年、秀吉は惣無事令に違反したとして島津氏を攻めて九州を平定する。また同年には、

伴天連追放令を出し、キリスト教宣教師の国内追放を命じた（**Column 4-1** p.103 参照）。さらに翌 1588（天正 16）年には、京都の聚楽第に後陽成天皇を招き、諸大名に忠誠を誓わせている。この後、秀吉は伊達政宗ら東北地方の諸大名を服属させ（奥羽仕置）、1590（天正 18）年には北条氏政・氏直を攻め（小田原征伐）、ついに全国統一を完成させた。

　豊臣政権の政策のなかで、とくに注目されるのが太閤検地である。これは従来バラバラであった升の基準を統一するものであり、貫高制から石高制の転換を意味すると同時に、一地一作人の原則を打ち出したものであり、画期的な土地政策とされてきた（第 3 部中世篇　第 1 章 p.63 を参照）。また同時に、太閤検地や刀狩令（1588 年）は、農分離を進める身分制的な政策であったともいわれる。

　豊臣政権は、約 220 万石といわれる蔵入地（直轄地）からの年貢収入と、佐渡金山、石見銀山、但馬生野の銀山などからの鉱山収入、さらに京都・大坂・堺・伏見・長崎などを直轄支配し、豪商を活用することによって政権の財政基盤を築いた。政治機構としては、自身の腹心である小大名を五奉行（浅野長政・前田玄以・石田三成・増田長盛・長束正家）として政務を分掌させ、重要政務については有力大名である五大老（徳川家康・毛利輝元・上杉景勝・前田利家・宇喜多秀家）による合議で決定させた。

　なお、晩年の秀吉は東アジア世界の征服構想を抱いた。これは、後期倭寇や南蛮貿易の活発化によって民間レヴェルでの交易が盛んになったことにより、東アジア世界全体における明の影響力が相対化されたことが遠因とされる。16 世紀後半、秀吉はついに朝鮮への侵略（「唐入り」）を開始した。文禄・慶長の役（壬辰倭乱・丁酉倭乱：1592〜93・1597〜98 年）である。これに対して、朝鮮の宗主国である明は援軍を派遣し、大きな戦いへと発展した。このとき明の皇帝万暦帝は、日本のほかにもモンゴル人ボハイの乱や国内で起きた蜂起（楊応龍の乱）の鎮圧にあたらなくてはならなかった（万暦の三征）。秀吉には、戦況は優勢だと報告されていたが、実際には朝鮮全土で激しい抵抗に合い難航していた。朝鮮出兵は秀吉が病死したことをもって終わるが、その後の日本と朝鮮半島の外交を含め、各方面に大きな影響をもたらすことになった。

第4節　江戸幕府の成立

　秀吉の死は、政権内部に潜んでいた対立構造を浮き彫りにさせた。特に、五大老筆頭の徳川家康と、五奉行の石田三成らとそれに与する大名たちの間で対立が激化し、ついに戦闘に至った。これが、1600（慶長5）年の関ケ原の戦いである。このとき関ケ原での戦いと関連する戦いが、全国各地で起きている。たとえば、徳川家康の嫡男である秀忠が、関ケ原へ遅参する原因となった上田城攻めが挙げられる。

　関ケ原の戦いは、最終的に徳川家康が率いる東軍が勝利した。決定的であったのは、小早川秀秋の裏切りであるといわれるが、西軍の主要戦力であった島津氏らの士気が消極的であったことも大きい。ただし、あくまで関ケ原の戦いは豊臣政権内部の勢力争いであった。この時点での「天下人」は豊臣政権の継承者である豊臣秀頼であって、家康はその臣下という構図自体に変更はなかった。家康が「天下人」として、豊臣政権から独立を果たすのは、この戦いから3年後、彼が征夷大将軍に就任したときである。家康は、武家の棟梁としての地位である征夷大将軍となったことにより、諸大名に天下普請などを命じる権限を得て、豊臣政権から自立した。ただし、1605（慶長10）年には豊臣秀頼も右大臣となっており、この段階においては依然として徳川氏の権威を脅かす存在であった。

第5節　大坂の陣

　将軍就任によって豊臣政権（豊臣公儀）からの自立に成功した徳川家康は、2年で将軍職を息子の徳川秀忠に譲り、自身は「大御所」となった。つまり、この時点（1605〜1614年）では、2つの公儀といえる政治主体が存在していた。ひとつは、駿府に拠点を有した徳川家康とその側近たちの政権（駿府政権）、もうひとつは、江戸の徳川秀忠を中心とした江戸幕府である。江戸城本丸では大名の年頭諸礼などが行われ、主に東国大名の軍事指揮権が強化されていたが、実質的には大御所家康が政務の最終決定権をもっており、この段階での「天下人」は、あくまで家康であった。しかしこうした状況も、家康の最晩年、大坂冬の陣（1614年）・夏の陣（1615年）によって、豊臣秀頼・淀君が大坂城で自害したこと、それからその翌年、家康自身が死去したことによって解消され、江戸の将軍を中心と

する幕藩体制が整備されていくことになる。

　では、「徳川公儀」は、どのように大名たちを従えることに成功していったのであろうか。その最大の特徴は、大名を江戸に住まわせ、国元の家臣団との分離をはかったことにある。このことが、公儀権力による大名の改易や転封を容易にした。「徳川公儀」は早い段階に２つの重要な法体系を整備している。ひとつは、諸大名の統制のための武家諸法度（元和令）、もうひとつは、朝廷組織の統制と再建のための禁中並公家諸法度である。武家諸法度は秀忠単独で発布され、禁中並公家諸法度については、家康と秀忠それから元関白の二条昭実の連名で出されている。

　次に、江戸幕府の財政面についても簡単に確認しておきたい。幕府の財政を支えたのは戦国期以来の金山・銀山の開発（ゴールドラッシュ）であった。幕府は大久保長安らの尽力によって、技術革新を進め、これを一元的に支配することにより海外貿易を独占することに成功した。これにより幕府財政は安定的なものになった。初期の徳川幕府は戦国大名やこの時代を生きた豪商、技術者たちの遺産の上に成り立っている。ここに幕府が長く存在できた要因の一端を読みとるべきであろう。

　日本にキリスト教が伝わったのは 16 世紀に入ってからであった。日本にキリスト教を布教させたフランシスコ＝ザビエルの名前はよく知られているだろう。ザビエルはカトリックの修道会イエズス会を結成した宣教師の一人であり、日本にキリスト教を広めた立役者である。

　1517 年に神聖ローマ帝国のマルティン・ルターが口火を切った宗教改革によって、新教（プロテスタント）の勢いがヨーロッパに広がり、それに対抗した旧教（カトリック）が「対抗宗教改革」の一環として結成したのがイエズス会であった。イエズス会は信者獲得のために新天地のアジアに目をつけ、布教にやってきたのである。また、ポルトガルの国策とも深い関係にあった。ポルトガルは「大航海時代」の先陣を切った国であり、インドのゴアを始め、東南アジアのモルッカ諸島、マラッカを占領し、香辛料や綿布交易の拠点とした。このような交易ネットワークのなかに、日本も射程に入っていた。実際に日本の石見銀山の銀も倭寇を通じて取引されていた。このようなポルトガルが構築したヨーロッパとアジアをつなぐネットワークに加わる形で、日本での布教が行われたのである。

　イエズス会は日本でのキリスト教信者を順調に増やしていった。その成果をローマ教皇に示したいとして結成されたのが「天正遣欧使節」である。イエズス会東インド巡察師アレッサンドロ・ヴァリニャーノが中心となって、伊東マンショ始め、選ばれし 4 名の日本人の若者は 1582（天正 10）年 2 月に長崎を発って、マカオ、マラッカなどを経由する長旅を経て、ローマ教皇との謁見を果たした。彼らを歓迎する人々でローマの街がいっぱいになったという。

　イエズス会は彼らを日本のキリスト教布教の指導者にしたかったが、そうはいかなかった。1590（天正 18）年に帰国した彼らを待ち受けたのは過酷な運命であった。キリスト教布教を許した織田信長は、彼らが旅立った同年に起こった本能寺の変で亡くなり、その後権力を握った豊臣秀吉は 1587（天正 15）年に伴天連追放令を発布したからである。小説やドラマにもなっているので、帰国した彼らがどうなったのかを調べてほしい。彼らから世界との接点が見えてくる。

（石野　裕子）

●参考文献
伊川健二『世界史のなかの天正遣欧使節』（吉川弘文館、2017 年）

第3章

江戸幕府の確立

(1616〜1680 年)

第 1 節　朝幕関係

　1603（慶長 8）年から 1867（慶応 3）年までのおよそ 260 年間を、私たちは「江戸時代」と呼んでいる。徳川将軍を頂点とするこの時代は、「泰平の世」「パクス・トクガワーナ」などと呼ばれ、一般に、平和な時代だと考えられている。確かにこの時代には対外戦争はなかったし、国内においても大きな内戦はなかった。さらに実際にこの時代を暮らした庶民も「泰平の世」という認識を有していたことが様々な史料から確認される。しかし、家康によって開かれた徳川幕府（江戸幕府）が、はじめから盤石なものであったとは考えられない。特に徳川秀忠から家綱の時代には相互に関連する 3 つの危機があり、その対策に追われた。本章ではその様子について、それぞれみていく。

　まず、1 つ目の危機は天皇・朝廷との関係である。前章で述べたように、大坂夏の陣の直後の 1615（慶長 20）年、家康・秀忠、それから元関白の二条昭実の 3 名の連署によって禁中並公家諸法度が発布された。これは幕府による朝廷の監視・規制の意味をもったが、一方で戦国期に窮乏化した朝廷の復興をめざす内容でもあった。しかし、初期の朝幕関係は必ずしも順調ではなかった。家康の存命時には顕在化しなかったが、秀忠の代になって両者の緊張は高まった。ちなみに京都市中の法制や朝廷の守護および監視をしていた京都所司代の板倉勝重が 1620（元和 6）年に引退し、所司代職は子の重宗に譲られていた。

　同年、家康の遺志に基づき、秀忠の五女である和子（東福門院）が 14 歳で入内したが、このときすでに朝幕関係に若干の緊張があった。すなわち、和子入内の直前、後水尾天皇は別の女御（およつ御寮人）との間に子どもをもうけたのである。将軍秀忠はこれを天皇の側近の手落ちとし、天皇の側近の公家 6 名を処罰した（万里小路事件）。これが禁中並公家諸法度の流罪条項を適用した初めてのケースである。

秀忠は1623（元和9）年に将軍職を家光に譲り、自身は大御所となったが、朝幕関係には緊張が続いた。それが表面化したのが、1627（寛永4）年の紫衣事件である。事件の発端は、後水尾天皇が大徳寺沢庵に「紫衣」と上人号の勅許を下したことによる。幕府は禁中並公家諸法度をもとにこれを無効とし、これに抗議した大徳寺沢庵を配流した。1629（寛永6）年、後水尾天皇は譲位し、秀忠の実孫であたる明正天皇が新たに女帝として即位することになった。後水尾天皇の側からすれば、自身が譲位することによって、幕府の朝廷における影響力を短期的で最小限にとどめようとした可能性も指摘できる。将軍（大御所）秀忠と後水尾天皇（上皇）との確執は、その後の将軍家と天皇家との関係に少なからず影響を及ぼすことになった。

第2節　外交問題

　2つ目の危機の兆候も、かなり早い段階からみられた。それは、外交面の問題である。江戸時代の外交政策は、よく「鎖国」と呼ばれる。実際には、海外に対して完全に外交を閉ざしていたわけではなく、貿易を「四つの口」（長崎・対馬・薩摩・松前）に限定し、幕府がそれを独占した（図4-1）。「鎖国」という認識も江戸時代の当初からあったわけではない。現在では、これをアジア諸国にみられる海禁政策としてとらえる見方が有力である。しかし、17世紀初頭の国際関係（明清交替や欧州の海外進出など）を考えた際、幕府のとった政策はきわめて合理的であったと評価する見方もある。特に、キリスト教に対する取り締まりは厳しく、豊臣秀吉が伴天連追放令を出して以降、徳川政権に移っても一貫して禁教政策がとられた。1622（元和8）年には長崎西坂において55名のキリシタンが処刑されている（元和の大殉教）。幕府がキリシタンを厳しく取り締ま

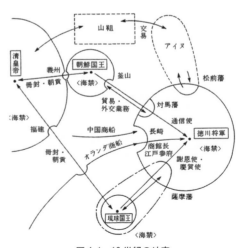

図4-1　18世紀の外交
（荒野 1988：8）

った理由はどのようなものであったのだろうか。

　その一つとして、既存の宗教がすでに体制化しており、キリスト教に対抗すべき「統一した支配イデオロギー」を有していなかったことが挙げられる。さらに西国大名を中心にいわゆるキリシタン大名に回帰するような動きもみられ、江戸城内や朝廷内にもキリスト教に関心を寄せる人々もいたという。いずれにせよ「鎖国」体制の確立は、1630年代に段階的に行われた。このなかで大きな転機となったのが、1637（寛永14）年に発生した島原・天草の乱である。キリシタンである天草四郎時貞という若者によって指導されたこの一揆は、圧政・重税に対する反発という百姓一揆としての要素とは別に、宗教戦争としての性格も有していたといわれる。ちなみにこのとき幕府老中の松平信綱はオランダ船に一揆が立てこもる原城を攻撃させている。この乱の後、幕府は1640（寛永17）年にポルトガル船乗組員の処刑を行い、1641（寛永18）年にはオランダ商館を長崎に移転させるなど「鎖国」体制を強化した。1644（寛永21）年に全国の領主に対して国絵図の作成と提供を求めたのも、軍事情報を幕府が一元的に把握する目的があったと考えてよいだろう。

　このように17世紀中頃の幕府は、国内外に多数の不安要素を抱えていた。隣国である朝鮮・琉球・対馬をまきこみながら反キリスト教外交体制の構築をめざし、沿岸警備体制を強化していった。1669（寛文9）年には、松前藩に対する近世最大のアイヌ蜂起であるシャクシャインの戦いも起きている。確かに、17世紀は戦国の世が終焉し平和に向かう時代のようにもみえる。しかしその内部には、常に緊張が続いていたのである。

第3節　内政の緊張

　3つ目の危機は、内政面の問題である。戦乱を治めることによって武威を示すことができた初代家康・2代秀忠とは違い、3代家光は、生まれながらの将軍（「固よりの将軍」）であった。確かに、2代秀忠も初代家康が亡くなった直後から様々な手段で諸大名に対して武威を示した。家康の没後まだ間もない1617（元和3）年、秀忠は諸大名をともない上洛している。また1620（元和6）年に西国大名を動員して大坂城の普請を開始し、大坂の直轄化を進めている。あるいは、南光坊天海と金地院崇伝との家康の神号をめぐる対立問題でも、「権現」号を採

用する最終的な決定は秀忠自身が行い、家康は日光東照宮へと埋葬されることになった。

そしてさらに、1619（元和5）年、福島正則を武家諸法度に違反したとして改易処分にしたこと、あるいは1622（元和8）年、秀忠の暗殺を企てたとして家康の側近本多正純を改易にした事件（宇都宮釣天井事件）など、旧政権下の重要人物が処罰されたことも秀忠の武威を示すものであった。

こうした武断政治と呼ばれる姿勢は、3代家光の代にも引き継がれた。家光は、武家諸法度を改訂し、参勤交代の義務を明記する。これは外様大名の勢力削減を意図したものといわれるが、むしろ諸大名に対して平時の軍役を課すことにより将軍の武威を示したと考えることもできるだろう。家光はこれまでの政権にも増して、諸大名に対して厳しい姿勢で臨んだ。1632（寛永9）年の熊本加藤忠広父子の改易事件はまさにその象徴的な出来事といえる。これは忠広の嫡男光広が謀反の連判状の偽物を作成して遊んだことが原因といわれるが、同時期には家光の弟・徳川忠長も改易されている。また家光政権のときには、各大名家で御家騒動が頻発した。こうした動向は、むしろ大名家側が将軍の「天下人」としての調停能力を求めたという考え方もできる。

一方、農村では、1642（寛永19）年頃、寛永の大飢饉が起き、各地に大きな被害がでた。これは、ユーラシア世界全体に広がった異常気象も原因のひとつではあったが、参勤交代による農村への負担や、戦国期に荒廃した農村が復興して人口が増大したことなど様々な条件が重なったものであった。幕府はこれに対して田畑永代売買禁止令を出して、百姓の困窮対策を実施した。家光政権は、外交面とは別に内政面においても克服すべき矛盾と課題が山積みであった。将軍家光の生涯も、波乱万丈なものであったといえる。

第4節 慶安事件

3代家光が亡くなり、4代家綱が11歳の若さで将軍となった。このとき、大きなテロ事件が未遂に終わっている。1651（慶安4）年に起きた由井正雪の乱（慶安事件）である。事件の概要は、兵学者の由井正雪らが幼少将軍の家綱を誘拐し、久能山の家康の遺金を奪取して幕府の転覆をはかるという壮大な計画であったという。しかしこれは事前に発覚し、首謀者である由井正雪らは駿府で獄門にかけ

られた。

　古くからこの背景には、武断政治の強硬にともなう牢人の発生などの社会不安があったと考えられてきた。実際、幕府はこの事件を転機に大名の末期養子の禁止を緩和するなど牢人対策に乗り出すとともに、都市部のかぶき者の取り締まりを強化した。ちなみにこの事件には、松平定政の遁世事件が関連している。定政は将軍を補佐する老中たちが旗本たちの生活苦への対策を講じないことに不満をもち、大老井伊直孝に意見書を提出したことによって所領没収・永世蟄居となった。由井正雪の遺書には、この処罰についての批判が書かれている。さらにこの事件には、紀州徳川家（徳川頼宣）が関与している疑惑もあった。松平信綱・中根正盛（大目付・隠密元締）ら官僚派が、「武功派」を一掃する方便として、この事件を利用したという考え方もできる。慶安事件は、横にも広がった。1652（承応元）年、別木庄左衛門は、崇源院の年忌法要において老中の暗殺を計画したとして処罰される事件が起きている（承応事件）。総じて、家綱政権の船出は、順風満帆ではなかったといえるであろう。

　こうした幼少将軍を支えたブレーンたちは、「寛永の遺老」といわれる。彼らは３代家光のときから政治に従事した者が多く、その政策を継承した。すなわち、家綱政権の前半期は、保科正之・松平信綱・井伊直孝・酒井忠勝・阿部忠秋らによる集団統治体制がとられた。彼らの政治家としての手腕については、かねてより歴史学者たちによって高い評価が与えられてきた。この時期、「三大美事」と呼ばれるのが、末期養子の禁の緩和、殉死の禁止、大名証人制度（人質）の廃止である。特に、戦国期から引き続いてきた殺伐とした風習が否定されたところに大きな意味があり、その点ではこれをもって文治政治への転換としてとらえることも可能であろう。

第 5 節　明暦の大火

　江戸時代には、飢饉や災害が多く発生した。地方の農村も毎年のように起こる河川の氾濫や、町場において時折発生し、個々の人々の人生をも翻弄する火災に対して頭を悩ませていた。なかでも大きな被害を出したのが、1657（明暦 3）年に発生した明暦の大火（振袖火事）であった。これにより江戸の大半が焼失し、死者は 10 万人を超えた。江戸城本丸も焼失し、幕臣のなかにも被害者が多数出

た。この火災は、家康・秀忠以来の江戸の都市計画の破綻が顕在化したことを意味し、幕府は両国橋の架橋や火防地の確保など防災対策に取り組まざるをえなくなった。また幕府は1666（寛文6）年には諸国山川掟を出し、土砂災害防止・治水のため、上流の森林開発を制限する取り組みを行っている。

　家綱政権の頃には江戸時代の基礎となるしくみが次々と整備されていった。1671（寛文11）年には、全国的に宗門人別改帳の作成が定められ、明治初年まで続く寺請制度が確立した。これは禁教の徹底をはかる目的もあったが、家族ごとに宗旨・檀那寺を記載されたことは戸籍としての役割を果たすことにもなった。同じころ、河村瑞賢によって東廻り海運・西廻り海運の整備も進められ、江戸時代における社会経済の発達の基礎が築かれた。ちなみに、家綱政権の後半期は、「寛永の遺老」と呼ばれた「官僚派」の政治家たちが一線を退き、大老・酒井忠清（1624〜81）が「下馬将軍」として専制政治を行うようになっていた。将軍やその一族ではなく、幕府官僚が政治を主導するしくみもこの頃に生み出されている。17世紀後半は、政治・社会・経済・文化のそれぞれで新しい時代が熟成する基礎が定着していく時代であった。こうした基盤をもとに、次の時代は生み出されていくのである。

第4章

綱吉から吉宗へ

（1680～1751 年）

第1節　元禄文化

　歴代将軍のなかで最も個性的であり、印象的な人物はだれか。初代家康や3代家光、あるいは15代慶喜の名前が思い浮かぶであろうが、それでも一定数の人は、5代将軍あるいは8代将軍の名を挙げるだろう。実際、5代綱吉は「犬将軍」、8代吉宗は「米将軍」などと呼ばれ、特長ある将軍として知られてきた。本章では、享保の改革に至るまでの舞台裏について考えてみたい。

　徳川綱吉が生まれたのは、1646年のことである。父は3代家光、生母は桂昌院（お玉）である。元々、京都八百屋の娘といわれるお玉は、後に「従一位」（1702年）まで昇りつめた女性であり、まさに江戸時代のシンデレラ・ストーリーを体現した人物といえよう。家光の子どもには、4代家綱のほかに、長松（綱重）と徳松（綱吉）がいた。綱吉が上野国館林城主となり「館林宰相」といわれたのに対し、兄の綱重は、「甲府宰相」とされ、ともに特別視された。1680（延宝8）年、4代家綱が亡くなると、このときすでに綱重も亡くなっていたため、綱吉が5代将軍となった。

　綱吉の時代は、「戦争を知らない人々が創造した文化」である元禄文化の隆盛期でもある。戦国乱世から約100年が経とうとするこの時期は、まさに戦国の乱

写真 4-1　明版「四書」徳川綱吉御手持本（徳川記念財団所蔵）

世を直接知らない世代たちが主役であった。『奥の細道』で知られる松尾芭蕉、『曽根崎心中』の近松門左衛門、『日本永代蔵』の井原西鶴などである。元禄文化の担い手たちは、上方（大坂・京）の町人の出身者が多く、彼らが生み出した作品も必然的に上方の町人たちの暮らしを題材にしたものが目立つ。これは彼らの作品の人気を支えた上方の町人たちの活躍を考えるべきであろう。また天文方・渋川春海（はるみ）による新暦（貞享暦（じょうきょうれき））、地球儀・天球儀の作成なども、学問・文化の興隆期であるこの時代を象徴している。

　なお、当時の日本社会の様子については、将軍綱吉にも謁見したドイツ人医師のケンペル（1651〜1716）が記した『日本誌』に詳しい。当時の様子を客観的に知る上できわめて重要である。綱吉と同時期には、海外においても、絶対君主が活躍している（ルイ14世（1638〜1715）、フリードリッヒ1世（1653〜1713）、ピョートル1世（1672〜1725）、カール12世（1682〜1718）、清朝においても、康熙帝（1654〜1722）があらわれた）。彼らと綱吉の治世を比較してみるのも興味深いところであろう。特に、綱吉の時代には、1699年のカルロヴィッツ条約によって、オスマン帝国の領土がはじめて削減されたことも注目される。

　では、綱吉は、どのような人物であったのだろうか。ほかの海外の君主と同様、綱吉自身も学問（儒学の学び）を好み、文化への造詣も深かった。実際に、綱吉が書いた書画も多く残されている。もちろん、こうした学問を好む傾向は、綱吉だけではない。「水戸黄門」で知られる徳川光圀もこの時期、史書（『大日本史』）の編纂に取り組んでいる（第1部原始・考古篇 *Column 1-4* p.23を参照）。綱吉の学問好きな性格も当時の社会状況のなかで考えていくべきであろう（写真4-1）。

第2節　側用人政治

　次に、綱吉の政治について概観していこう。彼の治世は前半と後半の二期に分けて考えるべきである。特にその前半は、「天和の治」と称される。綱吉は将軍に就任すると、大老酒井忠清を排斥し、新たに堀田正俊（ほったまさとし）を起用した。前政権からの懸案事項であった越後騒動を再審し（1680〜81年）、御前公事によって越前松平家を改易し、これに関与した一門大名や幕府関係者らを次々に処罰することによって将軍上意の絶対性を示した。また代官の服務規程を明確化し、勘定吟味役（かんじょうぎんみやく）（会計監査）を設置するなど賞罰厳明の政策を実施した。このなかで優秀な小身

旗本の発掘が行われたことにより、荻原重秀などの経済官僚を生み出すきっかけとなった。

　1683（天和3）年、綱吉は代替わりの武家諸法度（天和令）において、第一条を「文武弓馬の道、専ら相嗜むべき事」から「文武忠孝を励し、礼儀を正すべき事」へと大きく改変した。これは儒教的な立場から君子政治の理想が説かれたものであったといえよう。しかし1684（貞享元）年、政治を主導していた堀田正俊が若年寄の稲葉正休に刺殺された。この事件後、館林時代からの側近（館林藩家老）であった牧野成貞や、小姓から出世した松平輝貞、そして柳沢吉保らが幕政を主導していくことになる（側用人政治）。彼らは幕政の標準的な出世コースをたどってきた人物たちではない。いわゆる将軍の生活空間である「奥」を管理する側近の役人（側衆・側用人）たちであった。

　綱吉政権の後半期に特徴的なのは、生きとし生けるものを大切にする生類憐みの令に象徴される、仏教や儒教の思想にもとづいた政治が行われたことである。1684（貞享元）年、服忌令も、儒教的な服喪制度であると同時に、触穢思想（ケガレ）を明確に規定するものであった。それは換言すれば、元々京都の貴族などがもっていた思想を、幕府によって武士や民間にも広める役割を果たした。生類憐みの令も、1687（貞享4）年頃から本格的に出されるようになり、これに関連する江戸の町触も100件をこえた。捨子・捨牛馬も禁止され、家康が愛好した鷹狩りも全面的に廃止された。野良犬の保護のために犬小屋が設置され（中野・大久保・四谷・世田谷）、人々の食生活にも影響（鳥類などの禁止）を与えたといわれる。なお、1701（元禄14）年に起きた有名な赤穂事件（浅野長矩の殿中刃傷事件）も、勅使来訪中の出来事であったことが、厳罰の要因になったともいわれる。ケガレを忌避する、綱吉の思想が垣間見られる。

　また綱吉の学問好きな性格が、後の時代に与えた影響も大きい。特に湯島聖堂の建設などの儒学の振興は際立つが、全国各地で寺社造営（再建）が行われたことも注目すべきであろう。大嘗会などの朝廷儀礼の復興も行われた。これには、綱吉と関白近衛基熙との関係が大きな意味を果たしたともいわれる。しかし、こうした綱吉の一連の政策は幕府の財政を圧迫することになった。そのため勘定奉行・荻原重秀によって貨幣の改鋳も実施されている（1695年）。

　晩年の綱吉は、自然災害にも悩まされた。元禄大地震（1703年）や宝永地震

（1707年）・富士山の大噴火（1707年）など、18世紀初頭には大災害が相次いだ。綱吉の子女はいずれも早くに他界しており、将軍後継者は綱吉の兄綱重の子である綱豊に決定された。このように綱吉の晩年は、公私にわたって不幸が相次いだ。しかし綱吉の時代は、様々な面で幕政の転換期であったといってよいだろう。

第3節　正徳の治

　綱吉が没した後、6代将軍となったのが徳川家宣である。家宣は、綱吉の兄で甲府宰相であった綱重の長男であり、自身も「綱豊」と名乗り、甲府宰相を継いでいた。しかし綱吉に継嗣がなかったため、40代という年齢にして将軍を継承することになった。家宣は将軍に就任するとすぐに生類憐みの令を廃止している。ただ家宣もまた綱吉と同じく学問を重視する文治政治を推進したことに変わりはない。特に家宣政権を支えたのが、側用人の間部詮房と侍講の新井白石であった。白石は木下順庵に師事した学者であり、1702（元禄15）年にはまだ甲府宰相であった綱豊のもとで『藩翰譜』を編集している。これは17世紀の大名家の事歴をまとめたものであった。

　では、新井白石の政治についてみていくことにしよう。まず白石は幕府財政の緊縮を行っている。勘定吟味役による監視を強化することによって年貢の増徴を試みるとともに、荻原重秀の貨幣改鋳を批判し、良質な正徳金銀を鋳造した。さらに日本と朝鮮の外交について、従来の朝鮮通信使の刷新も行っている。朝鮮通信使は、15世紀前半から足利将軍や秀吉のもとへと派遣されていた朝鮮国王の外交使節のことであり、文禄・慶長の役後、1607（慶長12）年には、朝鮮被虜人の刷還を目的として来訪し、その後、1617年・1636年・1643年・1655年に徳川将軍家のもとに派遣されている（1655年以降は将軍の代替わりに来訪）。白石は、この朝鮮通信使の対応を簡素なものにし、将軍の呼称を「日本国王」とすることによって、その権威を高めることを求めた（しかしこれについては、林家や雨森芳州などから批判を受けた）。また、輸入超過による金銀の海外への流出を食い止めるため、長崎貿易の制限と国産品の振興もはかった。そして国内への潜入をはかったとして、屋久島で捕縛された宣教師シドッチを江戸茗荷谷で囚禁し、彼との交流を通して西洋社会への見聞を深め、『采覧異言』、『西洋紀聞』などを著した。このほかにも『読史余論』などの日本史論を著すなど、白石はその驚異的な才能

を遺憾なく発揮した。

　白石は6代家宣が亡くなった後も、史上最年少の将軍である7代家継を支えた。特に朝幕関係は安定期をむかえ、家継と霊元天皇の皇女・吉子内親王との縁組も決まり、実現すれば幕末の和宮に先立つ降嫁となるはずであった。しかし、家継自身が早世したため、この計画はとん挫した。

　一方、この時期には、江戸城大奥でも対立が激化した。特に家宣の御台所である天英院（1666〜1741）と、家継の生母である月光院（1685〜1752）との対立は激しく、1714（正徳4）年には有名な絵島生島事件も起きている。

　白石が政治を担当した時期はわずかな期間であった。しかし、幕府財政の健全化や海外を意識したその卓越した政策は、明治期以降の学者（福田徳三、羽仁五郎など）によって高く評価されることになる。

第4節　享保の改革

　徳川将軍のなかでとりわけ異彩を放つのが、8代将軍の徳川吉宗である。享保の改革を推進したことで知られる吉宗であるが、そもそも、なぜ18世紀前半のこの時期に幕府政治の改革をしなければならなかったのであろうか。そして、吉宗の政治は一体、何を変えたのだろうか。本節で考えてみることにしよう。

　吉宗は、紀州藩主の徳川光貞の四男として生まれた（母は、浄円院という）。1705（宝永2）年、紀州藩主となり、1716（享保元）年、7代家継が亡くなったことにともない8代将軍に就任した。御三家からの異例の将軍就任であるが、吉宗が紀州藩主であったことは政権の人材の大きな刷新につながった。実際、紀州藩士から幕臣へと転じた者も多い。地方巧者として知られる井沢弥惣兵衛の登用もそのひとつであろう。彼は紀州において治水土木工事の実績を有するが、70歳近くにして幕臣となり、各地で新田開発・河川改修などを実施した。見沼台用水の開削は、彼の代表的な業績のひとつである（写真4-2）。

　さて、吉宗の享保の改革をどのように評価するかについては、かねてより歴史学者の間で意見が割れてきた。そもそもこの時期を将軍専制政治（元禄〜天明期）の一時期ととらえるか、はたまた年貢率の低下から幕藩制の解体期と評価するかは判断が分かれるところである。実際、この時期には幕府財政はすでに赤字の傾向にあった。その理由は大きく3つある。ひとつは、明暦の大火による復興費用

がかさんだこと。もうひとつは、綱吉による大規模な寺社再建政策などの影響である。そしてさらに根本的な問題として、これまで幕府財政を下支えしてきた鉱山収入が減少したことがある。こうしたなか、まず、吉宗は大名たちに対し、参勤交代を半年に減らすかわりに1万石につき100石を上納させた（上米令）。その上で新田開発の奨励や年貢を定額で収める定免法を取り入れ、

写真4-2　井沢弥惣兵衛像（さいたま市緑区、見沼自然公園）

幕府収入を安定化させ、予算を立てられるようにした。こうした政策を進める上では、門地を問わず優秀な人材を抜擢する必要がある。吉宗は足高の制を実施し、優秀な下級武士や地方巧者を積極的に政治に参与させ、特に勘定奉行所の抜本的な改革に取り組んだ。大岡忠相や神尾春央はこうしたなかでその才能を見出され、政治家としての手腕を発揮することができた。

　吉宗は、幕府の創業者である徳川家康の政治を理想とし、1716（享保元）年には家康が愛好していた鷹狩りを復活させた。これは将軍が江戸近郊に出かける機会を増やすことにつながり、江戸の都市整備に大きな足跡を残した。江戸近郊では、将軍の御成先の景観整備が進められ、桜の名所（隅田川堤・品川御殿山・王子飛鳥山、小金井桜）が形成されるなど、江戸近郊は都市生活者の娯楽地として大いに賑わい、様々な文化を育むことになった。また、吉宗は町火消の制度化も行った。幕末にはこの火消が治安維持に大きく貢献することにもなる。

　このように、吉宗の政治は、「大きな政府」をめざすものであったということができる。吉宗は、紀州藩士たちを幕臣として御用取次・御側・小姓・小納戸頭取などに任命し、政治運営を円滑に進めた。特に御庭番を設置し、幕府や藩の評判や役人の様子など社会の様々な情報を集めさせた。また1720（享保5）年には、訴訟件数の増加に対応し、『公事方御定書』を編纂している。これは文書管理（アーカイブ）の整備（行政機能の向上）ともいえ、人治主義的な政治から法治主義的な行政への転換を意味した。また、庶民の意見を広く求めるために目安箱を設置し、実際にこの意見に基づき、小石川養生所などを設置している。これは将軍こそが政治の最終的な決定者であることを印象づける政治的な意図があったと考え

るべきであろう。

　さらに吉宗は、海外への門戸も開いた。洋書の輸入禁止を緩和し、海外の知識
（特に博物学）を求めた。青木昆陽にサツマイモ栽培を行わせたが、これも当時大
きな社会問題となっていた飢饉対策をかねたものであった。また同時に全国の産
物調査も実施し、薬草研究の振興もはかった。

　吉宗の政策は、新田開発および飢饉対策などによる年貢増徴政策を主なものと
していたが、この時期にはすでに商品生産の発達にともない「米価安の諸色高」
といわれる、米価が下がっても他の価格が下がらないという事態が生じていた。
そのため、吉宗は商人たちの同業者組合である株仲間や大坂堂島米市場を公認し、
諸物価の安定をはかった。

　以上が享保の改革の概要であるが、一方で吉宗は、徳川将軍家の再編も行って
いる。将軍継嗣である長男の家重のほかに、次男の田安宗武に「田安家」、四男
の一橋宗尹に「一橋家」をそれぞれ創設させた。家重の子が後に「清水家」を起
こしたため、この三家を合わせて「御三卿」と呼ぶ。1745（延享2）年、吉宗は
家重に将軍を譲り、自身は「大御所」（1745〜51）として亡くなるまで幕政を支
えつづけた。

第 5 章

大御所時代
（1786〜1853 年）

第 1 節　田沼時代

　11 代将軍徳川家斉（1773〜1841）は、歴代将軍のなかでは、あまり知られていない。しかし、徳川幕府にとって、ある意味で最も重要な将軍であったといえる。第一に、将軍在職 50 年というのは歴代将軍のなかで最長であり、日本史上最も長く政治権力を掌握した人物の一人ということになる。また、ヨーロッパに目を向ければ、フランス革命のなか登場するナポレオン＝ボナパルト（1769〜1821）は、家斉とほぼ同世代といえる。18 世紀は、ポンペイ遺跡の発見（1748 年）やナポレオンのエジプト遠征によるロゼッタ・ストーンの発見（1799 年）など、歴史への探究心が育まれた時代である。明治時代以来の伝統的な日本史学の考え方に立つならば、日欧の歴史的発展に決定的な差が生まれた時期と考えることも、あながち間違いではないようにもみえる。ここでは、将軍家斉の生きた 18 世紀後半から 19 世紀前半までをひとつの時代としてとらえ、その日本史上における意味についてあらためて考えてみたい。

　18 世紀後半、側用人・老中として絶大な権力をもって重商主義政策を進めたのが、田沼意次である。田沼意次が政治の中心であった時期を「田沼時代」（1767〜1786）と呼ぶ。意次の父は、徳川吉宗の小姓であり、それほど身分が高かったわけではない。それなのになぜ意次は政権を掌握することができたのであろうか。まず、意次が小姓→御側御用取次→側用人という「奥」の世界を生きてきた政治家であることが注目される。その彼が表の政治に頭角をあらわすきっかけとなったのは、宝暦年間に美濃国郡上藩で起きた大規模な一揆（郡上一揆）の裁定である。その後も老中秋元凉朝との確執と失脚、さらに老中松平武元の死なども相まって、次第に田沼意次とその派閥の人々が政治を担うようになり、やがて江戸城全体を掌握した。ただし意次の独裁を可能にしたのは、9 代家重と 10 代家治の後押しであった点も見逃せない。

意次による政策は、これまでの復古主義（重農主義）路線から離れ、重商主義を徹底したところに特徴がある。具体的には株仲間の奨励や貨幣の統一（南鐐二朱銀）、殖産興業（印旛沼干拓事業など）が挙げられるが、それらは勘定所の主導で実施された。勘定所のトップである勘定奉行を中心にみた場合、田沼時代は二期に分けて考えることができる。すなわち、石谷清昌が勘定奉行をつとめた第１期（1758〜1780）、松本秀持が勘定奉行であった第２期（1781〜1786）である。第１期は、畿内経済の一元的掌握と輸出品の確保（輸入銀の獲得）がめざされた。大坂に銅座を設置し、俵物（いりこ・ほしあわび・ふかのひれ）集荷体制を強化した。また、兵庫・西宮の上知（領地の没収）も行われた。第２期には、『赤蝦夷風説考』（1783年）を献上した仙台藩士・工藤平助の意見を取り入れ、蝦夷地の調査を実施してロシアとの交易が企図された。さらにこの時期には長崎貿易の禁止が緩和され、蘭学も隆盛した。杉田玄白・前野良沢が『解体新書』を著し、発明家の平賀源内も多彩な活躍をしている。総じて、田沼時代は経済の活性化にともない、化政文化の先駆けとなったと評価される。しかし、意次の政治は贈収賄の横行や農村部の荒廃（都市部への人口流入）、それに浅間山の大噴火（1783年）・天明の飢饉（1782〜88年）なども重なり、全国各地で百姓一揆が発生して世情不安に陥り、田沼政権に対する批判的な落書・狂歌も巷にあふれた。急激な改革は、保守派の反発もまねいた。意次の子である若年寄の田沼意知が、旗本佐野政言に暗殺される事件が起こるなど（1784年）、政権運営には問題が山積みであったといえよう。結局、10代家治が没すると、意次はその政治的な地盤を失い、政治生命を絶たれることになった。

第2節　寛政の改革

　次に政権を担うことになった松平定信は、御三卿の田安宗武の長男であり、血筋からいえば将軍候補でもあった。定信の政治は、寛政の改革と呼ばれるが、まさにそれは「内憂外患」への政治的対応策であった。国内では田沼意次失脚の要因となった天明の打ちこわし（1787年）と各地で多発した百姓一揆をおさえること、国外に対してはロシアへの対応が重要視された。こうした危機のなか、幕府が政治・経済を一元的に掌握する必要が生じた。定信政権が田沼の路線とは違い、保守的（復古的）な性格を有したことは自然な結果であったともいえよう。まず、

定信は、崩れかけていた幕府存立の基盤である
本百姓体制（小農経営）の維持をはかった。
旧里帰農令（1790年）を出し、公金貸付制度
（小児養育金など）にも取り組むなど、農村人口
の回復をめざした。また、商業面では江戸の豪
商を勘定所御用達として登用し、米価の調節を
試みようとする一方、棄捐令を出して札差（写
真4-3）に対する旗本・御家人の借金を減免す
るなど、窮乏化する武士の救済もはかった。要
するに、寛政の改革は、政治・経済・社会・文
化のすべての側面において幕府が管理主体とな

写真4-3　札差事略（一橋大学附属図書館所蔵）札差とは、旗本・御家人に支給される蔵米の受取や販売を請け負う商人のこと。

ることをめざしたものであり、「大きな政府」をめざした享保の改革の路線の延
長であったとも考えられる。意次は株仲間によって流通を促進させることをめざ
したが、天明の飢饉の際、いち早く危機を悟った商人は米の買占・隠匿を行った。
定信政権はこうした反省を生かし、幕府が市場流通を把握しようと試みたのであ
る。なお、寛政の改革は、社会政策の面でも大きな成果を挙げた。飢饉対策とし
て備荒貯蓄、七分積金による囲米を行い、これは江戸で大きな効果を発揮した。
また、治安維持対策としても江戸石川島の人足寄場をつくり、思想統制としても
寛政異学の禁（朱子学の正学化）や出版統制令によって幕府への批判をおさえよ
うとした。社会政策的な手法を導入し、法によって規定を明確化したところに、
この政権の大きな意義があった。

　しかし、幕府が政治的主体性を強化しなければならなかった事情は、むしろ海
外の動向にあったといえるだろう。1792（寛政4）年、ロシアの女帝エカチェリ
ーナ2世の使節のラクスマンが、漂流民の大黒屋光太夫らをともない来航し、開
港を要求してきた（*Column 4-2* p.120参照）。その後、1804（文化元）年にはロシア
皇帝アレクサンドル1世の使節のレザノフが通商を求めて来日したが、幕府はこ
れを拒否した。そのため、1807（文化4）年にはレザノフの部下が樺太や択捉島
を攻撃する事件が起きている（文化露寇）。当時のロシアは、日本から遠くはな
れた西方においてロシア・スウェーデン戦争（1788〜1790年、1808〜1809年）を
展開していた。ユーラシア世界が大きな動揺の時期を迎えていたと考えてよいだ

　2019年、六月大歌舞伎で三谷幸喜作・演出「月光露針路日本　風雲児たち」が
上演された。主人公は、松本幸四郎演じる江戸時代の船頭大黒屋光太夫である。
1782（天明2）年、大黒屋らを乗せた船が伊勢から江戸に向かう途中で遭難し、
アリューシャン列島のアムチトカ島に漂着。それから紆余曲折しながらロシア帝国
の町イルクーツクへ移動。そこでフィンランド（当時はスウェーデンの一部だっ
た）出身の動植物や鉱物を研究する学者でガラス工場経営者でもあったエリク（キ
リル）・ラクスマンと出会う。日本に関心があったラクスマンの手助けでサンクト
ペテルブルクに向かった大黒屋は、ロシア女帝エカチェリーナ2世に謁見するこ
とができ帰国願いを認めてもらうことに成功。1792（寛政4）年、ラクスマンの
息子アダムが付き添ってようやく帰国したという史実を基にしたこの作品は、異国
の地で多くの困難にあっても必ず生きて日本に帰ってみせるという大黒屋の信念の
強さが印象に残った。逆に、生きて帰れなかった多くの船員の無念も心に残った。

　外国との交流というと国家間の外交関係、あるいは交易といった経済関係が思い
つきやすいが、点と点との交流、すなわち個人的な交流も重要な交流である。個人
的な交流はしばしば偶発的に起こるが、後のつながりに大きな影響を及ぼすことが
往々にしてある。この大黒屋の例もそのひとつである。

　鎖国政策を取っていた江戸時代、日本はロシアと直接の交流はなかったが、日本
人はしばしば「漂流民」となってロシアに流れ着いた。ロシアは、「黄金の島」日
本の情報を彼らから得ることができたのである。当時、漂流民に対する処遇や送還
方法が制度化されていなかったロシアにいた大黒屋はなぜ帰国できたのか。その背
景には、ロシアが日本との通商関係を築きたいという思惑があったからである。そ
れ以前に、ロシアは北海道（蝦夷地）にて、当時根室に詰めていた松前藩に交易を
要求したが拒否されていた。ロシア側は大黒屋を日本に戻すことをきっかけに通商
交渉をしようとしたのである。結局、その試みは実を結ばなかったが、帰国した大
黒屋らによって今度は日本にロシアの情報がもたらされたのである。これも国際交
流の一環とみることができるだろう。

（石野　裕子）

●参考文献

木崎良平『光太夫とラクスマン──幕末日露交流史の一側面』（刀水書房、1992年）
大黒屋光太夫記念館『第十回特別展　漂流・漂着ものがたり──海へ往く者　海から来る者』
　（鈴鹿市、2014年）

ろう。

　日本において、いわゆる「鎖国祖法観」が確立してくるのはこの頃であり、海防政策も強化された。こうした事情は、国内の知識人に根強い危機意識を生み起こし、平田篤胤の国学など、国粋主義的な性格をもった思想も形成されていった。ちなみに、18世紀後半から各国の通商要求が高まる背景には、漂流民たちの活動によって、日本についての情報が海外へと広まったことも大きい（**Column 4-2** p.120参照）。

　松平定信は、寛政の改革をさらに進めるため権力の強化をはかったが、次第に将軍家斉およびその父・一橋治済との間に対立が深まった。その大きな原因となったのが、尊号一件である。これは光格天皇の実父である閑院宮典仁親王に対して「太上天皇」号を与え、一方で家斉の父である一橋治済を「大御所」とする計画であったが、松平定信の強い反対によって挫折した。元々、53名の子どもをもうけ、奢侈に走る将軍家斉と倹約を進める松平定信との間には深い溝があったといえよう。寛政の改革は、家斉による松平定信の罷免によって幕を閉じることになる。

第3節　大御所時代

　松平定信が政界を引退した後も、しばらくの間は松平信明・戸田氏教・本多忠籌・牧野忠精ら「寛政の遺老」による政策が継続された。1817（文化14）年、水野忠成が老中首座に任命されると、次第に政治を独占するようになった。水野忠成による政治は、田沼意次の四男である意正を若年寄に抜擢するなど、田沼派の復活としての意味合いも有していた。この頃には田沼時代を超える賄賂が横行したといわれ、貨幣の改鋳も行われたことにより物価はさらに高騰した。対外関係でも、幕府は1825（文政8）年に異国船打払令（無二念打払令）を出し、清・朝鮮・琉球の船以外の外国船の撃退を命じた。これはロシアやイギリスの動きを警戒したものであったが、海防費の増大は幕府財政を大きく圧迫することになった。

　1834（天保5）年、水野忠邦が老中に就任するが、この頃の幕政は若年寄の林忠英らによって主導されていた。大御所として実権をもった家斉は、間部詮勝・田沼意正・堀田正睦らを重用したものの、内憂外患への具体的な対策は行わなかった。こうしたなか、天保の飢饉が起きると、各地で困窮した人々による百姓一

揆や打ちこわしがさらに多発した。特に、1836（天保7）年の飢饉の際には、1万人規模の大規模な一揆が、甲斐国と三河国で発生している。そしてついに、1837（天保8）年には大坂町奉行所元与力の大塩平八郎が、救民を掲げて武装蜂起した（大塩の乱）。幕府の元役人である人物の蜂起は、多くの庶民に大きな衝撃を与えることになった。大塩の門弟を称する国学者生田万も、越後柏崎の陣屋を襲撃した（生田万の乱）。さらに同年には、アメリカの商船モリソン号が日本人漂流民の送還を名目に浦賀へ来航し、異国船打払令によって撃退される事件も起きている（モリソン号事件）。渡辺崋山や高野長英は、これを厳しく批判したことにより、1839（天保10）年に処罰を受けることになった（蛮社の獄）。

　大御所家斉の晩年は、まさに国内外に大きな不安を抱える重要な時期であった。こうしたなか50名以上に及ぶ家斉の子女たちの養育費は、幕府財政を大きく圧迫することにもなった。家斉は1841（天保12）年に没した。その15年後には、徳川の時代は終焉する。家斉の時代はまさに日本の将来を占う重要な転換点であったが、幕府の対策は後手にまわったと総括できるであろう。

第4節　化政文化

　さて、17世紀後半から18世紀前半は、災害の多い時期でもあった。特に田沼政権崩壊の原因のひとつにもなった浅間山の噴火（1783年）と天明の飢饉は、日本の歴史に残る重大な被害をもたらした。こうしたなか、群馬高崎の絹問屋の妻・羽鳥一紅は浅間山の噴火の詳細な記録『文月浅間記』をのこした。彼女に典型的にみられるようにこの時期には各地で女性文化人も登場し、災害の悲惨さを含めた時代のリアルな姿を様々な形で記録する人々があらわれはじめた。ここでは文化史の側面から、18世紀後半から19世紀前半の時代をみていくことにしよう。

　18世紀後半に栄えた文化を、宝暦・天明期の文化（1751〜64、1781〜89年）、19世紀前半の文化を化政文化という。こうした文化が芽生えた背景には、商品経済の発達にともない裕福な百姓・都市の町人、武士（都市生活者）による文化が生み出されたこと、さらに寺子屋など民間の教育機関が普及し、民衆の識字層（読み・書き・そろばん）が拡大したことがある。そのなかで女子教育も行われるようになり、貝原益軒の著書からつくられた『女大学』などがテキストとして使

用された。また、書物出版が普及し、蔦屋重三郎の耕書堂などが精力的な活動を
みせる。洒落本（江戸の遊里を描く小説。山東京伝『仕懸文庫』など）や黄表紙（風
刺的な絵入り小説）、俳諧（蕪村の『蕪村七部集』など）、川柳（俳句の形式で世相を
風刺。柄井川柳ら撰の『誹風柳多留』など）、狂歌（大田南畝・石川雅望ら）など、
多彩な文化が生み出されていくことになった。

　こうした庶民文化は寛政の改革によって一時的に低迷したが、文政年間には身
分の垣根を越えて全国規模での広がりをみせるようになった。交通網の発達によ
り、全国の在村文化人たちの間で活発な交流がみられるようになった点もこの時
期の特徴のひとつである。信濃の百姓であった小林一茶は、村々に生きる民衆た
ちの姿をリアルに映し出した。越後の鈴木牧之は、『北越雪譜』を書き、雪国の
生活を伝えた。地方においても、村役人層を中心に地域の歴史の探究が行われ、
地域意識（郷土意識）が生成されていった。彼らのなかには、地域のリーダーと
して幅広い教養を身につけ、遠く離れた人々と文化的な交流を行う人々も少なく
なかった。また、都市部においても賑やかな文化がさかえ、都市民たちは寄席や
芝居小屋に通い娯楽を楽しんだ。この時期の文化はよく「文化の大衆化」と称さ
れるが、現在の日本文化のひとつの「伝統」（江戸趣味）として引き継がれてい
るものが多い。18世紀後半から19世紀前半は半世紀にわたって「天下人」とし
て君臨した家斉のもと、日本においても、政治や経済、教育や文化の様々な面に
おいて、これまで以上に強い関心をもつようになった武士や庶民の手により豊か
な文化が形成されていった。それはまさに第1章でみてきた室町文化の発展の延
長線上に位置づけることができよう。

第5節　天保の改革

　大御所家斉の没後、水野忠邦による天保の改革が行われた。水野はまず人事の
大幅な刷新を行った。家斉に近かった水野忠篤・林忠英・美濃部茂育を更迭し、
新たに真田幸貫（老中）・跡部良弼（勘定奉行）・鳥居耀蔵（目付）・江川英龍（韮
山代官）らを抜擢した（このときに政権を追われた間部詮勝・堀田正睦らは、幕末に
幕政に復活している）。そして、懸案であった軍制改革に取り組んだ。当時すでに
アヘン戦争で清国が欧米列強に敗れたという情報を得ていた幕府は、1842（天保
13）年に薪水給与令を出して異国船打払令を緩和した。そして一方で、江川英龍

らに西洋砲術の導入を行わせた。経済政策においては、風俗取締令（ぜいたく禁止令）を出し、株仲間も解散させた。1843（天保14）年には人返し令を出して出稼ぎを禁止し、農村の復興をはかった。そして同年、上知令を出して幕府の直轄地を集中させようと試みた。国難に際して、幕府にすべての権限を集中させようとしていたことがわかる。

　しかし、こうした急進的な動きは老中土井利位らの強い批判を受けることになり、水野忠邦政権はわずか3年で崩壊した。水野の天保の改革は、近世の三大改革のひとつと数えられているが、結果は失敗に終わったといえよう。水野の失脚後、政治運営は土井利位・阿部正弘らに引き継がれることになった。

　さて、1840年代は海外からの圧力が強まる時期である。1844（天保15）年、ヨーロッパで唯一長崎貿易を認めていたオランダの国王ウィレム2世から12代将軍家慶のもとに開国勧告の親書が送られたが、家慶は翌年それを固辞している。1844（天保15）年にはフランス、1845（弘化2）年にはイギリスが、相継いで琉球に開国を求めた経緯もある。こうしたヨーロッパの列強の新しい動きのなかで、なかば必然的に、1853（嘉永6）年のペリー来航を迎えていくのであった（第5部近現代篇Ⅰ　第1章 p.130 参照）。

（夏目　琢史）

参考文献

青木美智男『日本文化の原型　日本の歴史別巻』（小学館、2009 年）

荒野泰典『近世日本と東アジア』（東京大学出版会、1988 年）

大石学『近世公文書論』（岩田書院、2008 年）

大石学『徳川吉宗』（山川出版社、2012 年）

小川和也『儒学殺人事件』（講談社、2014 年）

鹿毛敏夫『アジアのなかの戦国大名』（吉川弘文館、2015 年）

神田千里『島原の乱』（講談社学術文庫、2018 年）

久保貴子『後水尾天皇』（ミネルヴァ書房、2008 年）

倉地克直『江戸の災害史』（中公新書、2016 年）

黒田基樹『戦国大名』（平凡社新書、2014 年）

清水克行『戦国大名と分国法』（岩波新書、2018 年）

進士慶幹『由比正雪』（吉川弘文館、1986 年）

高澤憲治『松平定信政権と寛政改革』（清文堂、2008 年）

竹内誠『日本の近世 14　文化の大衆化』（中央公論社、1993 年）

田端泰子『足利義政と日野富子』（山川出版社、2011 年）

辻善之助『田沼時代』（岩波文庫、1980 年）

永原慶二『苧麻・絹・木綿の社会史』（吉川弘文館、2004 年）

野村玄『徳川家光』（ミネルヴァ書房、2013 年）

平川新『戦国日本と大航海時代』（中公新書、2018 年）

深井雅海『綱吉と吉宗』（吉川弘文館、2012 年）

福田千鶴『御家騒動』（中公新書、1995 年）

藤井讓治『徳川家光』（吉川弘文館、1997 年）

藤田覚『近世の三大改革』（山川出版社、2002 年）

藤田達生『本能寺の変』（講談社学術文庫、2019 年）

藤野保『徳川幕閣』（中公新書、1965 年）

古田良一『河村瑞賢』（吉川弘文館、1987 年）

穂積陳重『法窓夜話』（有斐閣、1916 年）

ボダルト＝ベイリー『ケンペル』（中直一訳、ミネルヴァ書房、2009 年）

本多博之『天下統一とシルバーラッシュ』（吉川弘文館、2015 年）

矢部健太郎『豊臣政権の支配秩序と朝廷』（吉川弘文館、2011 年）

山口啓二『鎖国と開国』（岩波現代文庫、2006 年）

山田康弘『戦国時代の足利将軍』（吉川弘文館、2011 年）

横井清訳『新井白石「読史余論」』（講談社現代文庫、2012 年）

ブックガイド ● ● ● ● ● ● ● ● ●

渡辺尚志『百姓の力』（角川ソフィア文庫、2015年）……本書は、江戸時代の村に関する従来の研究成果をわかりやすく一書にまとめたものである。村落共同体の機能をはじめ、村人たちの生活の実態、近代への展望にいたるまで、近世村落史をめぐる様々な問題・論点がこの本のなかに凝縮されている。

佐藤孝之『駆込寺と村社会』（吉川弘文館、2006年）……江戸時代の「駆込寺」といえば、一般的には離婚を求める女性の駆け込みで知られる鎌倉東慶寺の「縁切寺」が思い浮かぶ。しかし、本書は全国各地にある村寺が、火事や喧嘩などの様々な不祥事を起こした人たちの逃げ場となっていた事実を、豊富な史料にもとづき明らかにしている。

おすすめ史跡紹介 ● ● ● ●

🏛 大黒屋光太夫記念館 （三重県鈴鹿市）

Column 4-2「漂流民とロシア」で登場した大黒屋光太夫の記念館。館内には大黒屋らが乗っていた神昌丸（しんしょうまる）の模型、歴史教科書にも掲載されている大黒屋光太夫と彼とともに帰国を果たした磯吉の姿絵（「大黒屋光太夫磯吉画幅」江戸時代後期）の他、貴重な文字史料等が展示されている。鈴鹿市には大黒屋光太夫らが消息を絶ってから三回忌にあたる1784（天明4）年に、神昌丸の荷主によって建立された供養碑（鈴鹿市指定文化財・史跡）など、大黒屋光太夫ゆかりの史跡もあるのであわせて訪問したい。

📍**所在地** 三重県鈴鹿市若松中1丁目1-8／**開館時間** 見学は10：00～16：00。月曜日、火曜日、第3水曜日、年末年始は休館／**入場料** 無料／**アクセス** 近鉄伊勢若松駅より徒歩15分
HP http://suzuka-bunka.jp/kodayu/

近代日本と万国対峙

■概 観

　日本が近代という時代に入るのは、アメリカのペリーが1853（嘉永6）年に来航し、江戸幕府に「鎖国」を改めて、「開国」を要求したことによる。この要求により翌年、「開港」を認める和親条約を結ぶ。次いで1858（安政5）年には、貿易を認めて真の「開国」となる修好通商条約（不平等条約）を欧米5か国と結ぶ。ここに、日本は近代西洋（欧米）世界に編入されることになる。

　当時（19世紀半ば）の西洋では、近代国際法による秩序が成立していた。近代国際法は、世界を「文明国」（西洋文明国で欧米諸国）・「半文明国」（日本などアジア諸国）・「未開（野蛮）」（アフリカ地域）と3区分する。平等な関係は「文明国」のみとし、「半文明国」は平等な権利を認められず、領事裁判権（治外法権）を中心とする不平等条約を、「文明国」から押しつけられた。江戸幕府が不平等条約を強要されたのは、日本が「半文明国」であったからである。

　こうした欧米中心の国際秩序のもと、欧米と対等になるという「万国対峙」のためには、「文明国」に達することが必要とされ、これが最大の課題（目標）となった。江戸時代の幕藩体制ではこの課題が達成されないとみなされ、倒幕から明治政府の誕生となる。明治政府は成立以来、「万国対峙」のために西洋文明化を急速に進める。旧来の社会を大きく改造したことから、国民各層からの反発がみられたが、明治政府はそれらを抑え込んで西洋化を図った。

　政府とともに民間においても、モデル国は異なったが西洋文明化はめざされた。1890（明治23）年頃には欧米並みの立憲国家となり、1894（明治27）年には不平等条約の大半の改正に成功する。そして、日清・日露戦争を経て東アジアに植民地（台湾・南樺太・朝鮮）を有する「大日本帝国」となり、1911（明治44）年に条約改正を完全に成し遂げ、「万国対峙」を実現する。日本の近代とは、近代国際法のもとで「半文明国」（半人前）から「文明国」（一人前）の仲間入りをめざし、アジアに進出する道のりであった。

年　表

年　号	できごと
1853（嘉永 6）	6 月　ペリー浦賀来航（1854 米・英・露と和親条約）
1858（安政 5）	6〜9 月　安政の五か国条約　　9 月　安政の大獄始まる
1860（万延 1）	3 月　桜田門外の変
1865（慶応 1）	4 月　第 2 次長州征討発令（1866・8 中止）　　10 月　条約勅許
1867（〃 3）	10 月　将軍徳川慶喜大政奉還　　12 月　王政復古（江戸幕府の滅亡）
1868（明治元）	1 月　戊辰戦争始まる（1869・5 終結）　　3 月　五か条の誓文
1871（〃 4）	7 月　廃藩置県　　9 月　日清修好条規　　11 月　岩倉使節団出発
1872（〃 5）	8 月　学制　　9 月　琉球国王尚泰を琉球藩王に　　11 月　太陽暦採用
1873（〃 6）	1 月　徴兵令　　7 月　地租改正条例　　10 月　征韓論政変　　11 月　内務省設置
1874（〃 7）	1 月　民撰議院設立建白書　　2 月　佐賀の乱　　4 月　台湾出兵
1875（〃 8）	4 月　漸次立憲政体樹立の詔　　5 月　千島・樺太交換条約
1876（〃 9）	2 月　日朝修好条規　　3 月　廃刀令　　8 月　秩禄処分
1877（〃 10）	2〜9 月　西南戦争
1879（〃 12）	4 月　琉球藩を廃し沖縄県を設置（琉球処分）
1881（〃 14）	10 月　明治 14 年の政変、国会開設の勅諭
1885（〃 18）	12 月　内閣制度
1889（〃 22）	2 月　大日本帝国憲法
1890（〃 23）	10 月　教育勅語　　11 月　第 1 回帝国議会開会
1894（〃 27）	7 月　日英通商航海条約（治外法権撤廃）　　日清戦争始まる
1895（〃 28）	4 月　日清講和条約（下関条約）三国干渉
1900（〃 33）	6 月　北清事変（1901・9 北京議定書）
1902（〃 35）	1 月　日英同盟
1904（〃 37）	2 月　日露戦争始まる　日韓議定書　　8 月　第 1 次日韓協約
1905（〃 38）	7 月　桂・タフト協定　　9 月　ポーツマス条約　　11 月　第 2 次日韓協約
1907（〃 40）	6 月　ハーグ密使事件　　7 月　第 3 次日韓協約
1910（〃 43）	8 月　韓国併合条約
1911（〃 44）	2 月　日米通商航海条約（関税自主権回復）

第1章

開国と近代日本の誕生

(1853〜1868年)

第1節　開国——不平等条約の締結

　徳川家康が江戸幕府を開いた1603（慶長8）年から250年後、徳川家光が「鎖国」を完成させた1641年から212年後の1853（嘉永6）年、アメリカのペリーが軍艦（「黒船」）を率いて浦賀に来航した（ペリー来航はオランダが1年前に幕府に通報していた）。当時、欧米諸国は産業革命により工業力を高め、軍事力を背景として、国外市場や原料供給地を求めてアジア進出をはかっていた。

　ペリーは国交の樹立や貿易の開始など「開国」を求める、アメリカ大統領の国書を幕府に手渡し、翌年再び来航すると告げて立ち去った。翌年、ペリーが再来航すると、幕府は貿易を拒否して、食料や燃料などの供給、難破船や漂流民の保護などのため、下田・箱館の開港を認める日米和親条約を結んだ。次いで、幕府はイギリス・ロシア・オランダとも同様の条約を結び、「鎖国」の枠内（貿易の不認可）で長崎以外にも開港地を拡大することになった。

　その後、アメリカ総領事として来日したハリスが貿易の開始を強く要求すると、大老井伊直弼は勅許を得られないまま、1858（安政5）年に日米修好通商条約を結んだ。同条約によって自由貿易、神奈川・長崎・新潟・兵庫の開港、江戸・大阪の開市などが決められ、「鎖国」は崩れて真の「開国」となった。また、同条約はアメリカの領事裁判権を認め（治外法権）、日本に関税率の決定権がない協定関税制とする（関税自主権の欠如）など不平等条約であった。次いで、同様の条約をオランダ・ロシア・イギリス・フランスとも結び（安政の五か国条約）、ここに日本は、西洋世界に強制的に編入されることになった。

　欧米諸国が不平等条約を要求したのは、当時の近代（西洋）国際法に依拠したものであった。「半文明国」は「文明国」のような法制度が整備されていないという理由で、「文明国」は自国民の安全のために領事裁判制度を必要とし、不平等条約を押しつけたのである。こうした国際法を強要できる背景となったのが、

「黒船」に象徴される強大な軍事力であった。

第2節　開国の影響

　ペリー来航の際、幕府老中の阿部正弘は前例のない対応をした。朝廷に来航を報告しアメリカ国書を届けて和親条約の内容も提示し、幕臣や全大名にも国書を公開して意見を求めた。幕府の諮問に対し、朝廷は貿易を認めないことから「鎖国」の変更ではないと了承した。幕臣や大名の大多数はアメリカとの戦争回避を基本とし、和親条約は「鎖国」の維持と理解した。朝廷や大名に意見を求めたことは、これまで幕政に参与できなかった朝廷や大名の発言力を強め、両者の政治的地位を向上させて幕政が転換する契機となった。

　和親条約は「鎖国」の変更ではない、ということで容認されたが、開国となる修好通商条約には反対の声があがった。通商条約の交渉を行った老中堀田正睦は、孝明天皇の承認を求めた。しかし、朝廷内部では開国反対論が根強く、天皇も調印に同意せず勅許（天皇の許可）は得られなかった。開国をめぐって、幕府と朝廷は対立することになった。

　開国の影響は、貿易の開始による経済面においてあらわれた。貿易は1859（安政6）年から、横浜（神奈川から変更）・長崎・箱館で始まった。貿易額は横浜が群を抜き、相手国ではイギリスが第1位となった。輸出品は生糸が最大となり、輸入品は毛織物と綿織物が大部分を占めた。こうした貿易構造は、在来産業の再編成をもたらした。イギリスからの廉価な綿織物の輸入は、国内の綿織物業を圧迫したが、生糸の輸出増大は製糸業を発展させた。輸出入額では大幅な輸出超過となり、これにともなう国内の品不足から物価が上昇した。また、日本と外国との金銀比価の違いから金貨が流出し、幕府は対策として貨幣改悪（金貨の品質引き下げ）を行った。しかし、貨幣価値が低下して物価はさらに上昇した。貿易開始による物価上昇により、生活を直撃された庶民は、欧米諸国に対する反感を強め、攘夷運動を高揚させることになった。

　さらに、「鎖国」下の幕府独占貿易から開国による自由貿易の開始によって、諸藩が積極的に貿易に進出し、幕府の経済支配権は弱体化していった。

第3節　幕末の政治変動

修好通商条約の調印が問題となっていた頃、幕府では将軍徳川家定の跡継ぎを
めぐって対立が生じていた。一橋慶喜を推す越前（福井）藩主松平慶永・薩摩
（鹿児島）藩主島津斉彬ら一橋派と、紀伊（和歌山）藩主徳川慶福を推す譜代大名
ら南紀派の対立である。一橋派は親藩や外様大名らも加えた新たな体制を意図し、
南紀派は従来の譜代大名中心体制を維持する勢力であった。

1858（安政5）年、大老井伊直弼は勅許を得られないまま修好通商条約に調印
し、徳川慶福を将軍の跡継ぎと決定した。これに対し、一橋派や尊王攘夷を唱え
る人々は勅許のない条約調印を批判し、孝明天皇は条約調印の再考を命じた。井
伊は反対派の弾圧に乗り出し、吉田松陰ら多数を処罰した（安政の大獄）。しかし、
この弾圧の反動として井伊は、桜田門外の変で暗殺されることになった。

井伊の後に幕政を担った老中安藤信正は、幕府の強権（独裁）政治を修正して
朝廷との関係を修復するため、孝明天皇の妹和宮と将軍徳川家茂を結婚させた。
しかし、尊王攘夷派はこの政略結婚を非難して1862（文久2）年に安藤を襲撃し
（坂下門外の変）、安藤は失脚した。この事件以後、幕末動乱の時代に入る。

幕末における最大の政治課題は、どのような国家体制にしたら欧米諸国（西洋）
に対抗（「万国対峙」）できるかであった。その際、孝明天皇（朝廷）が攘夷論を
表明したことにより、攘夷論を基軸として公（朝廷）と武（幕府や藩）を一体と
する公武合体論が唱えられた。

外様藩の薩摩藩や長州（山口）藩が政治の表舞台に登場し、攘夷を藩論とする
長州藩が朝廷を制圧し、幕府は諸藩に攘夷を命じるまでになった。攘夷派の隆盛
に対し1863年、薩摩藩は会津藩とともに朝廷から長州藩ら攘夷派を追放した（8
月18日の政変）。長州藩は勢力回復のため翌年、京都に攻めのぼったが敗北し
（禁門の変）、攘夷論から開国論に転じた。そして、1865（慶応元）年には欧米の
圧力によって孝明天皇も条約を承認した。ここに、攘夷論は崩れて開国論が基本
方針となった。

第4節　江戸幕府の滅亡へ

開国論が基本方針となると、攘夷で対立していた長州藩と薩摩藩は歩み寄り始

めた。禁門の変により幕府は長州藩を朝敵とし、1864（元治元）年に長州征討を発令し、長州藩は戦わずして恭順した。その後、長州藩で反幕派が勢力を得ると、幕府は翌年に再び征討令を出した。すると、薩摩藩は長州藩支援から1866（慶応2）年に薩長同盟（盟約）を結び、薩長両藩は反幕府の立場を明らかにした。

　薩摩藩は、天皇（朝廷）のもとで幕府と諸藩（有力藩）の合体による政権構想（公武合体論）を考えた。したがって、有力藩の長州藩を滅亡させる征討に反対し、長州支援を打ち出したのであった。そして、幕府が長州征討を強行すると、薩摩藩では政権構想から幕府を排除する動きもみられた。長州征討の幕府軍は、薩長同盟により敗退を重ねて休戦を余儀なくされ、幕府の威信は大きく後退した。薩長同盟は武力討幕をめざす軍事同盟である、とかつていわれた。しかし、反幕府であっても武力討幕までは考えていなかった。

　薩摩藩は1867（慶応3）年4月には大名の圧力によって、将軍徳川慶喜に大政奉還を行わせようとして、慶喜と有力4大名の会議を開いた。薩摩藩などの有力藩では、天皇（朝廷）のもとでの諸藩連合政権構想（公議政体論）が唱えられた。幕府に代わって有力藩の会議（徳川氏も大名として参加）が国策を決定する構想である。幕府廃止であるが、決して武力討幕ではなかった。しかし、慶喜は引き続き政権を維持し、有力藩の政権参加は認めないことを明らかにした。

　平和的倒幕の試みが失敗した薩摩藩は、武力を背景としたクーデター方式による倒幕を、長州藩とともに計画することになる。そして、武力行使の名分を得るため、討幕の勅命を要請して密勅を得る。

　一方、土佐（高知）藩は平和的倒幕論である大政奉還を慶喜に勧めた。慶喜はこれを受け入れ、1867年大政奉還を申し出た。これに対し、薩摩・長州両藩は自主的奉還ではなく、あくまでも天皇（朝廷）による一方的な幕府廃止であるクーデターをめざした。

第5節　明治新政府の誕生

　1867年12月9日、薩摩・土佐・芸州（広島）・尾張（名古屋）・越前の5藩兵が京都御所の門を封鎖し、御所のなかでは新政府の創設が決定された。そして、「摂関幕府等」を「廃絶」して、総裁・議定・参与の三職を置いて、「諸事神武創業」の初めに基づいて政治を行う、という「王政復古の大号令」が発せられた。

ここに江戸幕府は滅亡した。とともに、朝廷の摂政・関白という天皇の代行者も廃止したことは、天皇が自ら政治を行う（天皇親政）ことを方針とする明治新政府の誕生であった。

　天皇親政といっても、天皇のもとで有力藩の合議で国策を決定する、公議政体論に基づく雄藩連合政権であった。したがって、トップの総裁は皇族であるが、議定や参与は公家や藩主・藩士から選任された。そして、新政府最初の会議（小御所会議、図5-1）では、前将軍徳川慶喜の処遇が問題となった。慶喜の政権参加を認める否かであり、参加容認が次第に優勢となった。

　このような状況下、クーデターを認めない旧幕府側は、翌1868年1月に薩長中心の新政府軍と鳥羽・伏見で戦った。旧幕府軍は敗北し、慶喜は大阪を脱出して江戸に逃れた。新政府は直ちに慶喜を朝敵とし、東征軍を組織して江戸に向けて進撃を開始した。

　旧幕府の勝海舟と新政府の西郷隆盛の交渉により、江戸での戦闘は回避されたが、戦火は関東地方から新潟・東北地方、さらには北海道箱館まで広がった。新潟・東北地方の諸藩は奥羽越列藩同盟を結成し、新政府軍と激しく戦ったが同盟側の中心会津藩が9月に降伏した。そして、箱館では榎本武揚軍が翌1869年5月に降伏し、新政府は国内を統一した。この内戦を戊辰戦争と呼んでいる。

　戊辰戦争が本格化する1868年3月、新政府は基本方針として五か条の誓文を公布した。「万機公論に決すべし」と公議公論による政治運営、「智識を世界に求め」と開国和親を掲げた。とともに、天皇が公家や藩主を率いてすべての神々に誓約するという形式をとって、天皇親政の理念を強調するものであった。

図5-1　「岩倉具視伝記絵図　小御所会議之図」（東京大学史料編纂所所蔵）

　2025 年、大阪で国際博覧会（通称、万博）が開催されることが 2018 年に決定したのは憶えているだろうか。万博の歴史は 1851 年のロンドンで開かれた第 1 回の万博までさかのぼることができる。最初の万博は大成功を収め、ニューヨークやパリなどでも万博が開催されるようになり、各国が最先端の技術や製品を世界に披露する場として活用していった。また、世界各地の文化が交流する場となった。

　1867（慶応 3）年 4〜10 月に開催されたパリ万博には、「日本」から初めて参加がなされた。1867 年といえば 10 月に大政奉還がなされた年である。このような政治情勢のなかで参加した「日本」とは、江戸幕府、薩摩藩、佐賀藩、そして一般の商人であった。幕府が諸藩に出品を呼びかけた結果、両藩が参加したのであるが、現地でトラブルが起こった。幕府側が将軍慶喜の弟である徳川昭武を将軍名代とし、渋沢栄一も随行するという外交を意識した使節団を送り込んだ一方で、薩摩藩があたかも独立国のように幕府とは別に出品をしたからである。出品前に薩摩藩は、イギリスへ使節団を送るなど独自の外交活動を行っており、その過程で幕府とは別の出品区画を得ることに成功、独立国の風体で参加したのである。このような出品のあり方に、当時の国内での政治的混乱がみられるだろう。寺本敬子の研究（2017）によると、この万博で政治・外交の次元においては、「日本」は統一的な統治機構を欠いた連邦国家のイメージをあらわにすることになったという。

　ともあれ、「日本」が出品した工芸品、すなわち養蚕、漆器、手細工物や和紙などが賞を受賞するなど高い評価を得ることができた。また、日本家屋を再現し、そこで 3 人の芸者が生活する様子をみせるという「人間展示」が話題を呼んだ。この万博は日本文化をヨーロッパの人々に知らしめる契機となり、1870 年代からの「ジャポニスム」と呼ばれるヨーロッパにおける日本美術の流行につながっていくのである。「ジャポニスム」はゴッホやマネといった芸術家に影響を及ぼしただけではなく、その流行は北欧にまで届き、各国の美術スタイルに影響を及ぼすことになったのである。

（石野　裕子）

●参考文献
寺本敬子『パリ万国博覧会とジャポニスムの誕生』（思文閣出版、2017 年）

第 2 章

近代日本の形成

(1869〜1879 年)

第 1 節　中央集権国家の成立

　明治新政府は諸藩連合政権で出発したが、「万国対峙」のためには藩による地方分権国家ではなく、天皇を中心とする中央集権国家を作り上げる必要があった。しかし、藩の力によって幕府を倒したことから、すぐさま藩を廃止することは困難であった。そこで、中央政府の統制によって徐々に藩を規制しながら、中央集権化する道を歩むことにした。

　その第一歩として、各藩主が自主的に領地（版）と領民（籍）を天皇に返還する版籍奉還を行わせた。戊辰戦争がほぼ終了した 1869（明治 2）年 1 月、まず薩摩・長州・土佐・肥前（佐賀）の 4 藩主が版籍奉還を行った。するとほかの藩も奉還を申し出て、新政府はこれを許可し旧藩主を知藩事（地方官）に命じ、引き続き藩政を任せた。版籍奉還によって藩は存続するが、藩主の個別領有権は否認され、天皇が唯一の土地領有者となった。そして、藩主が領主でなくなったことから、旧藩主と旧藩士との主従関係は断ち切られた。藩主は公家とともに華族となり、藩士はすべて士族となった。

　版籍奉還後、新政府は残存した藩に規制を加えて中央集権化をめざした。一方、藩側も戊辰戦争の軍事費が重くのしかかり、財政的に藩の維持は困難になっていた。藩への統制を行うには、政府自体が強い力をもっていなければ不可能である。そこで、1871（明治 4）年 1 月に薩摩・長州・土佐の 3 藩による御親兵という政府直轄軍を創設して、その軍事力を背景として藩統制に乗り出そうとした。

　しかし、政府の組織をめぐって薩長間に対立がみられ、統制策も思うように実行できなくなった。そうした状況下の 7 月、政府中堅層から廃藩が建議され、政府首脳部も廃藩置県に踏み切った。ここに、すべての藩が廃止され県となり、知藩事に代わって府知事・県令が任命され、中央集権国家が実現した。廃藩置県の詔書（天皇の文書）には「万国と対峙する」ために「藩を廃し県と為す」とある。

「万国対峙」に向けての廃藩置県であった。

第 2 節　近代化政策の推進

　廃藩置県で中央集権を実現した明治政府は、「万国対峙」に向けて西洋化（近代化）を進めるため、条約改正予備交渉とともに欧米の文物・制度の視察を目的とする岩倉使節団（大使岩倉具視、副使木戸孝允・大久保利通・伊藤博文ら）を派遣した。岩倉使節団の調査後に近代化政策に着手する予定であったが調査が予定外に伸びて、大部分は留守政府によって実行された。明治維新の三大改革として学制・徴兵令・地租改正が挙げられる。これらはいずれも近代化をめざす政策であった。

　学制（1872 年）は、江戸時代の身分別教育を打破し、四民平等の国民皆学教育をめざした。全国を 8 大学区（翌年 7 大学区）に分け、各大学区に 32 中学区、各中学区に 210 小学区を設け、各学区に 1 校の学校（大学校・中学校・小学校）を設置する構想である。国民皆学主義から小学校教育に力点が置かれ、全国に 5 万 3000 余りの小学校（翌年 4 万 7000 余り）を設置する計画であった。しかし、実情を無視した画一的制度であり、教育費の国民負担とあいまって、小学校は計画の約 60％、就学率も 30％台であった。しかし、初等教育の基礎は整備された。

　徴兵令（1873 年）は、身分制軍隊から国民皆兵軍隊を創設するものである。満 20 歳以上の男子を徴集・選抜し、3 年間常備軍に服務させる軍事制度である。しかし、広範な免役規定により、戸主とその後継者（長男や養子）や官吏や官立学校生徒および 270 円納入者などは免除された。免役制度を利用した徴兵逃れが行われ、1876 年の免役率は 82％にもなっている。国民皆兵にはならなかったが、近代国民軍隊の方向は確立した。免役規定は 1889 年に廃止される。

　地租改正（1873 年）は、近代の土地制度（土地私有権の法認）と租税制度（金納）の創出をめざすものである。課税基準を江戸時代の収穫高（石高制）から地価に変更し、土地所有者に地券を交付して納税義務者とし、地価の 3％を地租として金納とする、というものであった。地価の算定をめぐって農民との間で問題が生じて反対一揆が起こったが、政府の財政基盤は固まった。

第3節　征韓論政変

　岩倉使節団は、留守政府の急進的な近代化政策を欧米の地で批判的にみていた。使節団は西洋文明は長期間かけて成立したものであり、日本との落差が大きいことから、短期間の採用は不可能なことを痛感した。その結果、日本の実情に合わせた漸進主義で近代化をはかるべきであることを学んだ。

　使節団は1873（明治6）年9月に帰国すると、視察結果を天皇に次のように報告した。条約改正という「万国対峙」は、実力をつけて富強とならなければ達成できない。富強は民力を基盤として実現しなければならないことから、今後の目標を民力養成とする。使節団が得たものは、民力を基盤とする富国化であった。

　徴兵令のように近代化政策は士族の特権を奪い、士族の不満が高まった。士族のなかには自らの存在（武力）を誇示する場を求める風潮が広まった。また、留守政府の中心人物の西郷隆盛は、「万国対峙」のためには国内の近代化政策とともに、国外に対して日本の威信を高める必要を感じていた。

　こうした状況下で朝鮮との国交問題が生じた。鎖国政策の朝鮮に対し、明治政府は国交樹立を求めたが、朝鮮は日本の交渉がこれまでの方式と違うことから拒否し続けた。1873年、留守政府は西郷の主張を入れて、最終的には武力行使を行う交渉（征韓論）を内定した。これに対し、帰国した岩倉使節団は大久保利通を中心として激しく反対した。

　西郷らと大久保らは、「万国対峙」をめぐって対立したのであった。西郷は士族の不満をバックとして、軍事力による国力を欧米に示そうとした。これに対し大久保は、軍事力よりも経済力による民力を基盤とする国力充実を優先させるべきとした。最終的には天皇の裁断によって大久保らの主張が通り、西郷らは辞職した（征韓論政変、明治6年の政変）。

　明治政府は、当面は軍事力を抑制して経済力による富国化の道を国家目標とした。大久保はこの路線を実現するため、内務省を創設して民力を養成すべく殖産興業を強力に進めていった。

第4節　近代化政策への反発

　急進的な近代化政策に対して、国民各層から反発が生じた。まず、農民層を中

心とする新政反対一揆が西日本中心に起こり、特に近代化政策が出そろった1873年に続出した。これらは「血税一揆」（徴兵告諭中の「血税」という文字を問題とした）といわれるように徴兵制反対が中心であるが、近代化政策全般にわたる反発運動であった。学制、太陽暦採用、洋服着用、断髪令（ざんぎり頭）、えた・非人の称廃止令などを批判していた。これまでの伝統的生活様式を強権的に破壊しようとする政策に対する、民衆の拒絶反応であった。

　政府は一揆に対し、近代化政策（文明開化）は民衆の生活を豊かにし、「万国対峙」にとっても必要であると説いた。しかし、民衆は簡単に受け入れなかった。政府は警察や軍隊を出動して厳しく取り締まった。

　士族も立ち上がった。四民平等を目標とする近代化政策は、これまで最上層であった士族の身分を否定するものである。徴兵制は士族のみに許されていた「帯刀」権を奪うことから、士族の反発を呼び起こした。大規模な武力蜂起は、1874年に佐賀から起こった（佐賀の乱）。西郷とともに辞職した江藤新平を中心として、佐賀士族が征韓の実行を唱えて蜂起した。

　次いで、1876年に士族の特権を奪う秩禄処分と廃刀令（帯刀禁止令）が出されると、西南地方で反乱が続発した。10月に熊本の敬神党（神風連）が、続いて福岡県秋月の士族が、山口県萩では松下村塾生で前参議の前原一誠が中心となって挙兵した（萩の乱）。前原一誠は、武士の特権剥奪のみならず、地租改正をはじめとする近代化政策全般を批判し、朝鮮併合も唱えていた。政府は軍隊を出動して鎮圧した。

　最後で最大の士族反乱となった西南戦争が、翌1877（明治10）年2月から始まった。鹿児島県を中心として九州各地の士族が、西郷隆盛を担ぎ上げての挙兵であった。西郷は蜂起の目的を明らかにしなかったことから、反政府の一点で多くの士族が参加したが、約半年にわたる激戦を経てようやく鎮圧された。

第5節　国境の画定

　近代国家を構成する要件として、①国民、②国境、③政府の3点が挙げられる。明確な国家領域を示す国境の画定も、近代という時代には必要とされた。

　北方においては、ロシアとの関係で樺太と千島列島が問題となった。幕末1854（安政元）年に結ばれた日露和親条約で、千島列島は択捉島以南が日本領、

得撫島以北がロシア領と決められた。樺太はこれまでのように境界を定めず、日露「雑居」の地とされた。その後、明治政府は樺太の帰属をめぐって、ロシアとの交渉を行った。政府は北海道開発を優先させるために樺太を放棄し、代償として千島列島全島を獲得する方針を立て、榎本武揚を派遣してロシアとの交渉にあたらせた。榎本はロシアと 1875 年、樺太・千島交換条約を結んで、千島全島を日本領として画定した。幕末以来のロシアとの領土問題は解決した。

　一方、南方では中国（清）との関係で琉球地域が問題となった。琉球王国は、室町時代に独立国家として成立したが、中国（明）を宗主国とする宗属関係を結んだ。その後、江戸時代に入り薩摩藩が琉球王国を武力侵攻して支配下に置いた。しかし、中国（清）との伝統的な宗属関係も温存したことから、琉球王国は日清両属体制下に置かれることになった。

　明治政府は両属体制を解消して、日本の単独帰属をめざすことを決定した。まず、1872 年に琉球藩をおいて琉球国王 尚 泰を天皇が藩王に命じ、日本に帰属することを明確にした。その後、琉球藩王に清国との宗属関係を断ち切ることを要求した。藩王がこれを拒否すると、1879（明治 12）年に政府は琉球藩を廃し沖縄県として、琉球地域を日本領として強制的に組み入れた（琉球処分）。しかし、清国はこの琉球処分を認めず、日清間で話し合ったが結論が出ないまま、1894 年の日清戦争となって交渉は断絶した。

　この間、帰属が不明確であった小笠原諸島も 1876 年、政府は日本帰属を各国に通告して了承された。日本領は 1870 年代に入って画定されたが、その後の対外戦争による植民地獲得によって、領域は拡大されていく（図 5-2）。

図 5-2　明治初期の日本領土（笹山ほか 2017：274）

第 3 章

立憲国家の成立

(1880〜1890 年)

第 1 節　立憲制への動き

　1889（明治 22）年に大日本帝国憲法（明治憲法）が公布され、翌 90 年に帝国議会（国会）が開かれ、近代日本は憲法に基づく国家体制である立憲国家となった。アジアにおいては、トルコ（オスマン帝国）が 1876 年に憲法（ミトハト憲法）を制定したが、一年たらずで停止に追い込まれていた（復活は 1908 年）。したがって、日本はアジアで最初の本格的な立憲国家となった。

　なぜ憲法が必要なのか。明治政府の最大課題は「万国対峙」であった。欧米諸国は文明国としての政治体制である、憲法体制（立憲制）を作り上げていた。「万国対峙」を実現するためには、立憲制は必要不可欠とされたのであった。

　政府内で最初に憲法制定論が提起されたのは、1872 年に左院（立法諮問機関）の議官からであった。しかし、これは政府の上層部に取り上げられることはなかった。その後、岩倉使節団として欧米を視察して帰国した木戸孝允や大久保利通らが、1873 年に相次いで憲法制定論を建議した。

　木戸は、国家の興廃は憲法の存在に関わっており、憲法がなければ国家は衰退すると憲法の重要性を主張した。憲法があれば国内的には民意を無視する政治を防ぐことができ、対外的には外国と対抗することができるという「万国対峙」策としての提起であった。大久保も、君主（天皇）と国民の協議によって制定する憲法に基づいて、君主が政治を行う「君民共治」という立憲君主制を説いた。そして、それは「万国対峙」のためにも必要であると主張していた。

　政府が将来における立憲制採用を約束する、漸次立憲政体樹立の詔を出したのが 1875 年であった。そして、立法諮問機関である元老院が 1876 年から、欧米諸国の憲法を調査・研究しながら、憲法案の作成を始めた。しかし、元老院の憲法案は日本の実情に合わない、という理由で採用されなかった。一方、政策決定者である参議にも 1879 年から憲法意見が求められ、各参議はそれぞれ 81 年にかけ

て提出した。

第2節　自由民権運動の展開

　政府内で立憲制採用の動きが見られたとき、民間においても立憲制を求める運動が始まっていた。自由民権運動である。征韓論政変で辞職した板垣退助や後藤象二郎らは1874年、大久保批判をこめて国会の設立を求める民撰議院設立建白書を提出した。この意見書は新聞に掲載されたことから大きな影響を与え、民間に国会開設を要求する運動が展開される契機となった。

　自由民権運動は士族中心から西南戦争後、農民（豪農）や都市の知識人・商工業者、府県会議員などの参加によって、広範な国民的運動となっていった。運動を担ったのが全国各地の結社であった。結社とは、身分にかかわりなく共通の目的を達成するため、自主的に結成した組織である。1890年までに沖縄県を除く都道府県で、2100を超える結社が誕生した。

　結社の連合体として、1875年に愛国社が結成された。当初は西日本の士族結社であったが、しだいに東日本にも広がり、農民結社も参加するようになった。1880年には愛国社以外の結社も集まって国会期成同盟が結成され、国会開設請願書を政府に提出した。都市の結社は新聞・雑誌の発行、演説会の開催などの言論活動を展開した。演説会の隆盛に対し政府は、1880年に集会条例を制定した。集会は事前に警察署に届け出て認可を受け、集会には警察官が臨んで中止・解散を命じるなど活動を抑え込もうとした。しかし、演説会は終息することなく、多くの民衆が押し寄せ民権家の政府批判演説に拍手喝采を送った。

　自由民権運動は国会開設とともに憲法制定も要求し、自らも憲法案の起草に取り組んだ。私擬憲法といわれる憲法案であり、総数70ほどのうち民権派のものは約40であった。民権派の憲法案といっても、もちろん同一ではない。

　最大公約数的構想は、イギリスをモデルとする政党内閣制を採り、国会は上・下の2院制とし、人権（国民の権利）保障の規定を掲げていた。1880年代初頭は、民間においても憲法が議論され、憲法案が各地で自主的に作成されていた時代であった。

第 3 節　明治 14 年の政変

　民間で憲法案がつくられはじめた頃、政府内部でも参議が各自の憲法意見を提出した。多くは立憲制の必要性は認めながらも、漸進的に樹立すべきであるという意見であった。そうしたなか、大隈重信のみが立憲制の具体的内容と樹立のプログラムを明記した意見書を 1881（明治 14）年 3 月に提出した。

　大隈意見書はイギリス流の政党内閣制を中核とし、81 年に憲法制定、82 年に総選挙実施、83 年に国会開設という急進論であった。民間に先手を打つ政府主導による憲法制定・国会開設論であるが、自由民権運動が提起した政党内閣制と同じ構想であった。

　大隈意見書に反対したのが、参議伊藤博文配下の井上毅であった。井上は、イギリス流政党内閣制では主権は国会にあり、国王（天皇）の主権が侵されるとして、ドイツ流の非政党内閣制の採用を主張した。井上は伊藤やほかの参議にも自説を説き、政府首脳部は 7 月末に大隈意見書の不採用を決定した。

　政党内閣制の排斥が決まった頃、開拓使官有物払下げ問題が表面化した。開拓使計画が満期となった 1881 年、開拓使長官黒田清隆は事業の継続を意図し、部下の会社に官有物を安価で払下げることとした。この払い下げに対し、民間では激しい反対運動が起こり、国会が開かれていないから不当な払下げが決定されたと政府を批判し、早期の国会開設を要求した。

　自由民権運動の政府批判が激化するなか、政府内部では大隈陰謀説が広まってくる。大隈が民権派と結託して国会開設を主張し、世論を扇動して政府の実権を握ろうとしている、というデマであった。しかし、大隈陰謀説は政府内部に確信的に広まって、大隈追放が決定された。

　10 月、政府は世論の要求を受け入れるかたちで開拓使払下げを中止し、国会開設の勅諭を出して 1890 年の国会開設を公約したが、大隈や自由民権運動が要求した政党内閣制は否定した。そして、大隈をはじめ政府内の政党内閣制論者が追放され、伊藤博文中心の政権となった（明治 14 年の政変）。

第 4 節　憲法調査

　国会開設の勅諭が出された頃、自由民権派は政党の結成に向かっていた。国会

期成同盟の人々は、1881年10月に自由党（党首板垣退助）を結成した。最初の全国的政党の誕生であった。一方、政府を追われた大隈重信らは、1882年4月に立憲改進党を結成し、政党内閣制の実現をめざした。1884年に自由党は解党し、改進党は党首（大隈）が脱党して活動は停滞するが、日清戦争後に政党内閣が登場する基礎は生まれた。

　明治14年の政変によって、ドイツをモデルとする憲法制定方針を決め、1890年の国会開設を約束した政府は、伊藤博文を中心にその準備にとりかかった。政変から5か月経った1882年3月、伊藤は憲法調査のためヨーロッパに向かった。主な訪問国はドイツとオーストリアであった。

　ドイツではベルリン大学のグナイストとその高弟モッセからドイツ流憲法の講義を受けた。しかし、グナイストは日本の立憲制採用に懐疑的であったことから、ドイツでの調査は大きな成果を得られなかった。伊藤が魅力を感じて多くを学んだのが、オーストリアのウィーン大学のシュタインの講義であった。

　シュタインは、まず立憲制は各国の歴史や実情に即したものでなければならない、と特定の国をモデルとすることを戒めた。そして、国家は君主・立法部・行政部の三要素が調和して成り立つものであり、一要素のみが突出するのは立憲制ではない。特に、立法部（国会）の専制を批判し、君主も国家のシンボルにとどめるものとし、君主や立法部から自律した行政部が最も重要であると説いた。伊藤はこうした立憲論をシュタインから学んで帰国した。

　伊藤は帰国後、行政部の重要性から1885年に太政官制を廃止して内閣制度を創設した。行政を担当する各省の長官を国務大臣として天皇を補佐するものとし、内閣総理大臣のもとで国政全体に参画させる制度であった。

　一方、地方制度では山県有朋がヨーロッパ調査をふまえて、1888年に市制・町村制、1890年に府県制・郡制を制定し、政府統制下の自治制が整備された。

第5節　大日本帝国憲法（明治憲法）の制定

　伊藤博文は1886年から憲法の草案作成にとりかかった。まず、明治14年の政変時にドイツ流憲法を説いた井上毅の草案、およびドイツ人顧問ロエスレルの草案が1887年に伊藤のもとに提出された。これらの草案を基に、伊藤・井上毅・伊東巳代治・金子堅太郎の4人が検討し、1888年4月に草案が完成した。そして、

図 5-3　「憲法発布式之図」（東京都立中央図書館特別文庫室所蔵）

この草案を新設の枢密院で審議して、1889 年 2 月に大日本帝国憲法として発布
した（図 5-3）。

　憲法の特徴は、君権主義と立憲主義の併存である。第 1 条は「大日本帝国ハ、
万世一系ノ天皇之ヲ統治ス」、と君主としての天皇が「統治」すると君権主義を
記している。とともに第 4 条は「天皇ハ、国ノ元首ニシテ、統治権ヲ総攬シ、此
ノ憲法ノ条規ニ依リ之ヲ行フ」と、君権主義とともに天皇は「憲法ノ条規」に従
って統治権を行使する、と立憲主義も記されている。

　憲法の解釈をめぐっても、君権主義を強調する天皇主権説と立憲主義を強調す
る天皇機関説に分かれた。明治期から大正期においては天皇機関説が主流であっ
たが、昭和期になると徐々に天皇主権説が優位となる。

　そして、天皇大権と多元的な天皇輔弼（補佐）機関が明記された。天皇は統治
権を「総攬」（一手に掌握する）するが、その権限（大権）を行使するのは憲法に
記された国家機関の輔弼によるものとした。立法権は帝国議会（国会）、行政権
は国務大臣、司法権は裁判所の輔弼であった。しかし、軍隊指揮権である統帥権
については、輔弼機関として参謀本部（陸軍）と軍令部（海軍）が設けられたが、
どちらも憲法には記されなかった。その後の戦争の時代に入ると、統帥権は憲法
では制御できない大きな問題となる。

　自由民権運動の要求であった政党内閣制と人権保障はどのようになったのであ
ろうか。政党内閣は採用されず、国民は「臣民」とされてその権利は認められた
が、あくまでも法律の範囲内とされた（法律によって人権は制限される）。自由民
権運動の構想が生かされたわけではなかった。

第4章

日清戦争と近代日本

(1891〜1899 年)

第1節　東アジアの国際秩序

　古代から 1880 年代までの東アジアは、華夷秩序といわれる国際秩序に覆われていた。華夷秩序とは、中国を「華」（文明国で「宗主国」）とし、周辺の国や地域を「夷」（野蛮国で「属国」）とする、中国を中心とする上下の不平等な宗属関係である。「属国」は「宗主国」である中国の皇帝に従って、貢物を持った使節を派遣し（朝貢）、中国皇帝は見返りとして物品を与えるとともにその国の国王に任命した（冊封）。これを朝貢・冊封関係と呼んでいる。

　上下関係といっても、支配─被支配という近代的な権力関係ではなく、中国は「属国」の内政や外交に干渉しないのが原則であった。「属国」にとっては、中国との貿易によって多大の利益を得るだけではなく、中国の保護を受けて自国の安全保障を安価で得られる、というメリットがあった。

　中国周辺の国家は「属国」の必要性があると考えたならば、自ら進んでこの関係を結んだのであり、決して中国から強制的に編入されたわけではなかった。「属国」の序列としては最上位に朝鮮が、次いで琉球王国が位置づけられた。

　日本は、古代以来断続的に中国と宗属関係を結んだが（離脱期間の方が長い）、江戸時代からは離脱（自立）していた。そして、明治政府は成立当初の 1868（慶応 4）年、外国との交際は「万国公法」（近代国際法）をもって行う、という「対外和親の布告」を出した。「文明国」同士は対等関係を有する、という西洋国際法に準拠する方針を、東アジアではいち早く打ち出した。したがって、東アジア諸国のなかで近代国際法の外交を展開するならば、当然華夷秩序との対立・相克がみられることになる。

　日本が東アジア諸国と最初に結んだ近代的条約が、1871 年に清と結んだ日清修好条規であった。この条約により清（中国）との国交が樹立された（江戸時代は日清間の外交関係はなかった）。華夷秩序のなか、日本が外国と結んだ最初の対

等条約であった。

第2節　朝鮮の開国

　朝鮮とは明治初年以来国交が断絶し、1873年には西郷隆盛らが征韓論を唱えたが、大久保利通らによって阻まれた。その後、大久保らは平和的交渉の立場をとり、朝鮮でも鎖国政策の転換がみられ、ようやく両国間での交渉が始まったが行き詰まった。そこで、日本は交渉を有利に進めようとして軍艦を派遣し、1875年には日本軍艦と朝鮮砲台との砲撃事件である江華島事件が起こった。

　この事件をめぐって日朝間の交渉が始まった。日本は国交の樹立を最優先とする立場をとり、朝鮮も国交樹立方針に転換していたため、1876（明治9）年に日朝修好条規が結ばれた。同条約により朝鮮は開国となったが、日本の領事裁判権や関税免除を認めるなど、朝鮮にとっては不平等条約であった。

　不平等条約ではあるが、朝鮮は不平等であるという認識は薄く、日本は「押しつけた」のであるが、「押しつけられた」とは思っていなかった。第一条にある「朝鮮国は自主の邦」は、日本は「自主」を「属国」ではない独立国とし中国との宗属関係を否定し、これを朝鮮は認めたものととらえた。一方、朝鮮は「属国」であっても「自主」の権はもっているとして、中国との宗属関係は存続していると理解した。

　また、領事裁判権問題も朝鮮はこれまでの裁判のやり方と違いはなく、西洋国際法による不平等とは思っていなかった。江戸時代において釜山の倭館における日本人の犯罪は、朝鮮ではなく日本（対馬藩）が処罰していたという、今までと同じものとみなし問題とはしなかった。

　朝鮮は江戸時代における対等関係の復活であり、近代的な不平等関係の創出とはとらえなかった。朝鮮は国際法に関する理解が不足していたのであった。無関税貿易も抵抗することなく同意した。

　1871年に結ばれていた日清修好条規と日朝修好条規によって、近代国際法では日清対等、日朝不平等（日本が朝鮮の上位）、華夷秩序では清朝宗属関係（清が朝鮮の上位）という、3国間は複雑な関係となった。

第3節　朝鮮の政変と日清関係

　日朝修好条規で開国した朝鮮では、閔氏政権の親日政策に反対する軍隊が1882年に反乱を起こし、これに呼応する民衆が日本公使館を襲った（壬午軍乱、壬午事変）。閔氏に代わって、反乱軍が支持する大院君が政権を握った。反乱に対し宗主国の清はすぐさま出兵して平定し、閔氏を復活させた。この事変により閔氏政権は、親日から清への依存を強めることになった。

　開国以後の閔氏政権において、朝鮮の開化派は日本に接近して西洋文明を採り入れて近代化をはかった。しかし、閔氏政権が親清路線に転換すると、開化派はこれに反対し清の影響力を排除しようとし、1884年に日本公使館（日本軍）の援助によってクーデターを起こした。閔氏を追放して一時的に新政府を樹立したが、清が出兵して新政府は崩壊した（甲申事変）。以後、朝鮮国内では親日開化派の勢力が消滅し、日本の影響力も大きく後退した。

　甲申事変で悪化した日清関係を調整するため、1885年に天津条約が結ばれた。日清両国の朝鮮からの撤兵、再出兵の場合は事前に通告することなどが決められた。この事前通告制は派兵への抑止効果となり、しばらく朝鮮をめぐる日清間の衝突は避けられた。

　朝鮮の政変を通して、清の朝鮮に対する影響力はますます強化されていった。日本が朝鮮へ勢力を伸ばそうとするならば、清との武力対決が不可避となった。そして、清との軍事力（特に海軍）の格差から、清に備えるための軍備拡張路線が採られることになった。

　1890（明治23）年に第1回帝国議会（国会）が開かれ、山県有朋総理大臣は翌91年2月の国会で巨額の軍事予算が必要な理由として、次のような演説を行った。国家の独立維持のためには「主権線」（国境）だけではなく、「利益線」（国境の安危に関わる地域）である朝鮮半島をも「保護」しなければならない。そのための軍事予算である。日本の軍事力は、1894年初めには日清戦争を行う能力をもつようになっていく。

第4節　条約改正と日清開戦

　明治政府誕生以来の国家目標である「万国対峙」に向けた条約改正は、1882

年からの井上馨の交渉によって本格化
した。内地雑居（外国人への日本国内
の開放）と引き換えに領事裁判権の撤
廃をめざしたが、外国人判事任用が問
題となって失敗した。次いで、
大隈重信や青木周蔵などが引き継いだ
が改正には至らなかった。1894（明治
27）年、陸奥宗光の交渉によって領事
裁判権の撤廃と関税自主権の一部回復
（関税率の引上げ）が実現し、条約改正
はほぼ達成された。その背景には、日
本が立憲国家という「文明国」となっ
たことがあげられる。

図5-4　日清戦争全体図
（大谷 2014：中扉）

　1894年4月、朝鮮で民衆宗教であ
る東学の信徒を中心として、農民が減
税と閔氏政権打倒および日本人の追い出しを掲げて反乱を起こした（甲午農民戦
争）。朝鮮政府は清に鎮圧のため出兵を要請し、清は天津条約にしたがって日本
に出兵を通告した。これを受けた日本（伊藤博文内閣）も居留民保護を名目とし
て出兵を決定した。日清両軍の出兵を知った反乱農民軍は、朝鮮政府と和解して
反乱は終息した。

　日本は大軍派遣に見合う成果を求めて、日清共同の朝鮮内政改革を清に提起し、
清が同意しなければ日本単独で改革を行うことを決定する。そして、清が拒否す
ると朝鮮に内政改革を要求した。朝鮮は日本の撤兵が先決であり、撤兵後に自力
で改革を行うと回答した。すると、日本は朝鮮に清の撤兵を求め、朝鮮が拒否す
ると王宮を占領し、清軍を追い出す命令を出させた。そして、朝鮮政府からの依
頼というかたちをとって、清へ攻撃を開始して日清戦争となった（図5-4）。

　宣戦の詔勅では、清が朝鮮を「属国」として内政干渉していることを開戦理由
としているが、日本の内政干渉によって始められた戦争であり、朝鮮への勢力を
伸ばすことが目的であった。戦争については、福沢諭吉は「文明国」日本と「野
蛮国」清との戦いであり、文明のための戦争であると説いた。また、内村鑑三は

朝鮮独立のために清と戦う、「義」のある正しい戦争であると主張していた。戦争を批判する反戦論はほとんどみられなかった。

第5節　日清戦争の意義

　日清戦争は日本の勝利となり、1895年4月に講和条約の下関条約が結ばれた。条約の内容は、清は①朝鮮独立を承認し、②遼東半島・台湾・澎湖諸島を日本へ割譲し、③賠償金2億両を日本へ支払い、④日本へ通商上の特権を与え4港を開くなどであった。下関条約締結直後、東アジア進出をめざすロシアは、フランスとドイツを誘って、遼東半島の日本領有は東アジアの平和を脅かすとし、同半島の放棄を日本に要求した（三国干渉）。日本はこれに対抗してイギリスやアメリカなどに援助を要請したがうまくいかず、遼東半島を返還した。以後「臥薪嘗胆」というスローガンのもと、ロシアへの敵愾心のもと軍備拡張を進めていった。

　日清戦争によって、古代以来の東アジア国際秩序であった華夷秩序（宗属関係）は姿を消した。中国は、最大の「属国」朝鮮を独立国として認めたことにより、「宗主国」ではなくなった。ここに、東アジアにも西洋国際法が押し寄せて近代世界が到来することになった。

　日本の近代も日清戦争によって成立した。明治憲法は近代政治システムとしての政党内閣制を採用していなかった。国会開設後も政府は超然主義（政党を基盤としない政治）を表明し、日清戦争直前までの時期は政府と政党は対立をくり返していた。しかし、日清戦争により政党は政府批判を止め、政府提出の戦争関係の法案や軍事費を承認した。

　戦後も軍備拡充や産業振興などのため政府と政党の提携が進み、1898年には最初の政党内閣である大隈重信内閣（憲政党内閣）が誕生した。大隈内閣は短命に終わったが政党政治の基礎は成立し、1900年には立憲政友会が結成され、本格的な政党内閣を迎えることになる。

　近代の経済システムは資本主義である。日清戦争後、繊維産業（製糸業や紡績業）を中心として資本主義が成立した。特に、綿糸を生産する紡績業の発展はめざましく、日清戦争後には綿糸の輸出量が輸入量を上回った。ここに、原料の綿花を輸入して製品の綿糸を輸出する資本主義の貿易構造となった。

第5章

・・・・・・・・・・・・・・・・・

日露戦争と近代日本

（1900〜1911 年）

第1節　日清戦争後の東アジア

　日清戦争によって日本は、朝鮮を独立国として中国（清）の影響力を排除することには成功したが、自らの影響力を増大することはできなかった。

　これまで強引に朝鮮内政改革を進めてきた日本が、三国干渉（特にロシア）によって頭を抑えられて威信が後退すると、朝鮮の閔氏政権はロシアに接近しはじめた。こうした動きを警戒した在朝鮮の日本公使が、親日政権を樹立しようとして閔妃を殺害する事件を起こした。これに憤慨した朝鮮では親露政権が成立し、大韓帝国（韓国）と国号を改めて日本への対抗を強めた。こうして、日本の朝鮮に対する影響力は決定的に後退した。

　一方、敗戦国となった清にはヨーロッパ列強が相次いで進出し、中国分割が本格化した。中国分割を加速化させたのが、日清戦争の賠償金であった。清は賠償金の支払いを外債に頼らざるを得なく、列強は借款の見返りに中国各地の租借権を要求して獲得した。1898〜99 年にかけて、ドイツが山東半島（膠州湾）、ロシアが遼東半島（旅順・大連）、イギリスが九龍半島と威海衛、フランスが広州湾の租借権をそれぞれ得た。日本も福建省の他国への不割譲を清に承認させた（図 5-5）。中国分割に加わらなかったアメリカは、これま

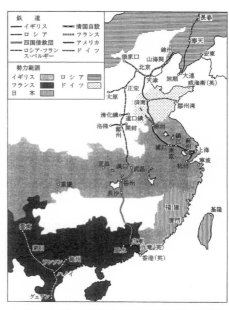

図 5-5　**中国における列強の鉄道利権と勢力範囲**
（20 世紀初頭）（飯塚 2016：35）

でのモンロー主義（ヨーロッパとアメリカの相互不干渉）を転換し、中国に関する門戸開放・機会均等を宣言して参入の意図を示した。

中国分割の進展に対し、清国内では排外主義的団体である義和団が「扶清滅洋」を唱えて、1900 年北京の日本を含む列国公使館を包囲した。すると、清国政府は義和団の動きに呼応して、列国に宣戦を布告した（北清事変）。包囲された列国は、連合軍を結成して義和団を鎮圧した。

連合軍の主力となったのが、ロシアと日本であった。日本はアジアでは唯一、ヨーロッパ帝国主義国の一員として参加した。翌年に列国は清と北京議定書を結び、清は賠償金を課せられ、列国は北京公使館守備隊の駐留権を得た。

第 2 節　日英同盟と日露関係

北清事変後、ロシアは満州（中国東北部）を占領した。ロシアの満州占領は、韓国（朝鮮半島）における日本の権益にも影響することから、ロシア対策が問題となった。ロシアの満州優越権を認める代わりに、日本の韓国優越権をロシアに認めさせるという、「満韓交換論」による日露協商案が政府内に登場した。

また、駐英ドイツ公使はロシアの満州占領に対し、日独英三国同盟を日本に呼びかけてきた。これを受けた日本はイギリスとの同盟を提起し、日英同盟交渉が始まった。イギリス海軍が同盟を促したことから、政府（桂太郎内閣）は日露協商よりもイギリスとの同盟によってロシアと交渉し、韓国の権益を守る方針をとり、1902 年に日英同盟が結ばれた。

日英同盟は、清における両国の利益と韓国における日本の利益を承認し、ロシアを仮想敵国とする軍事同盟であった。しかし、日本の意図は日露戦争を決意したものではなく、イギリスをバックとしてロシアとの交渉を有利に進めることであった。日本は初めて結んだ軍事同盟であるが、イギリスにとっても最初の同盟であった。1894 年のイギリスとの治外法権撤廃に次ぐ、「万国対峙」の実現であった。

ロシアは日英同盟の圧力によって撤兵を約束して一部実行したが、すべての撤兵は行わなかった。撤兵をめぐって 1903 年 8 月から日露交渉が始まり、日本は「満韓交換論」の立場から韓国全土の優越権を主張した。一方、ロシアは満州を日本の利益範囲外として、交渉を韓国問題に限定して韓国北部を中立地帯とする

案を提示した。韓国をめぐって日露の主張は食い違った。

日露交渉が行われた頃、国内では主戦論や日清戦争当時はあまりみられなかった反戦・非戦論が唱えられた。『万朝報』や『国民新聞』をはじめとする諸新聞、対露同志会、東大七博士らは主戦論を掲げて開戦論を盛り上げた。一方、キリスト教徒内村鑑三や社会主義者の幸徳秋水・堺利彦らは反戦論を主張したが、世論は主戦論が多数を占めるようになった。

第3節　日露開戦

日露交渉が決裂した 1904（明治 37）年 2 月、桂太郎内閣は開戦を決定した。宣戦の詔勅は「韓国の存亡は実に帝国安危の繋る所」と韓国の安全が脅かされたことを開戦の大義名分としていたが、政府のねらいは韓国の完全確保（支配権の確保）であった。日本は同盟国イギリスおよびアメリカの支援を受け、ロシアには同盟国フランスおよびドイツが支援した。直接戦ったのは日本とロシアであるが、世界史的対立関係のなかで起こったのが日露戦争であった。

開戦とともに日本軍は韓国の仁川に上陸し、首都の漢城（現ソウル）を制圧した。韓国は局外中立を宣言したが、日本はこれを無視するかたちで、日韓議定書を結んで韓国内の軍事行動や戦争に必要な事柄の提供などを認めさせた。そして、8 月には第 1 次日韓協約を結び、日本の推薦する財政・外交顧問を韓国政府内に置き、外交交渉は日本と事前に協議することなどを認めさせた。韓国確保への第一歩であった。

日露両軍の戦闘は 1904 年 8 月から満州で本格化した。ロシアの根拠地のひとつである旅順をめぐって激戦が行われ、半年以上の戦いで多数の死傷者を出して 1905 年 1 月に陥れた。その後、最大の激戦が奉天で行われ、3 月に辛うじて勝利したが、戦力を使い果たして戦争継続は困難となった。そして、5 月には海軍が日本海海戦でロシアのバルチック艦隊を壊滅させた。

日本海海戦で日本が勝利すると、戦争終結への動きが本格化した。アメリカ大統領ローズヴェルトが仲介に入って、8 月からアメリカのポーツマスで講和の交渉が始まった。日本側は戦闘能力が底をつき、ロシア側は国内で第 1 次ロシア革命がおこり、どちらも戦争継続は困難な状況であった。

日露戦争は約 17 億円の軍事費を使った。軍事費の内訳は、外国債（イギリス・

アメリカ・ドイツなど）が約7億円、内国債が約6億円、増税が約3億円である。増税は地租・所得税・営業税・砂糖消費税、新たに織物消費税・石油消費税・通行税などが設けられた。国民の増大する負担で遂行した戦争であった。

第4節　日露戦争の意義

　1905年9月、講和条約のポーツマス条約が結ばれた。条約の内容は、ロシアは①韓国に対する日本の指導・監督権を認め、②旅順・大連の租借権と長春以南の鉄道を日本に譲り、③南樺太を日本に譲り、④沿海州とカムチャッカの漁業権を日本に認めるものであった。ロシア側は完全な敗北ではないとして、賠償金と領土割譲に反対した。交渉によって日本は、賠償金を放棄し領土は南樺太のみとなった。

　日本の総動員兵数は約109万人、戦死者は約8万7000人、戦傷病者は約38万人であった。日清戦争の総動員兵数約24万人、戦病死者約1万3000人に比べると、けた違いの戦争であった。

　講和にあたって民間では、奉天の戦いや日本海海戦の勝利の報道もあって、樺太のみならず沿海州の獲得や賠償金20億円の要求などが唱えられた。賠償金や領土の獲得が困難であることが伝わると講和反対運動が起こり、条約調印日に国民大会が日比谷公園で開かれた。大会終了後、参加民衆は警察と衝突して交番などを襲う騒動となった。桂内閣は戒厳令を出して、軍隊によって鎮圧した（日比谷焼打ち事件）。以後、続発する都市民衆騒擾の先駆けとなった。

　日露戦争の辛勝によって、日本は欧米諸国から実力を認められ、列強の一員としての地位を確かなものとした。関税自主権を獲得して条約改正を完全に実現するのは1911（明治44）年であり、ここに明治初年以来の「万国対峙」は達成された。

　そして、ポーツマス条約によって日本は朝鮮半島からロシアを排除し、南満州の利権をロシアから譲り受けて、朝鮮半島から中国満州へ勢力を伸ばす足がかりを得た。満州地域については、1906年に遼東半島の南端（関東州）を治める関東都督府を旅順に設置し、大連に南満州鉄道株式会社（満鉄）を設立した。満鉄は単なる鉄道会社ではなく、鉄道付属地の行政権や沿線の炭鉱などの経営権をも有し、以後の満州進出の拠点となった。しかし、満州への進出は中国の門戸開放を

唱える、アメリカとの対立を招くことになる。

第5節　韓国併合

　韓国支配権をめぐってロシアと戦っている 1905 年 7 月、日本はアメリカと桂・タフト協定を結び、アメリカが日本の韓国保護権を、日本はアメリカのフィリピン統治権を認めた。そして、8 月には第 2 回日英同盟を結び、イギリスが日本の韓国保護権を、日本はイギリスのインド独占的支配権を認めた。その後 9 月、ポーツマス条約でロシアに韓国保護権を認めさせた。

　11 月、韓国皇帝の反対にもかかわらず第 2 次日韓協約を強要した。この協約によって、日本は韓国の外交権を奪い取って保護国とし、漢城に韓国の外交を扱う統監府を設置し、初代統監に伊藤博文が就任した。保護国化を認めない韓国皇帝は 1907 年、オランダのハーグで開かれた第 2 回万国平和会議に使者を派遣し、保護国化の不当性を訴えたが各国はこれを無視した（ハーグ密使事件）。

　密使事件に対し日本は、韓国皇帝を譲位させて第 3 次日韓協約を結んで、韓国の内政権をも奪って全権を握り、韓国軍を解散させた。解散させられた軍隊は、民衆と一体となって激しい反日運動（義兵運動）を展開したが鎮圧された。当初は植民地化まで考えていなかった伊藤も、韓国民衆の強い反日感情を前にして、最終的には併合に同意した。そして、1909 年 10 月に伊藤が韓国独立運動家の安重根に暗殺される事件が起こった。この事件によって併合の気運が一気に進み、1910（明治 43）年に韓国併合条約を押しつけて韓国を植民地とした（韓国併合）。

　韓国という国号は廃止され、地域名としての朝鮮が使われ、漢城を京城と改めてそこに統治機関として朝鮮総督府を設けた。台湾・南樺太に次ぐ植民地であり、近代日本の国家領域は最大となった。日本国内では、韓国併合は合意に基づく措置であり、正当であるという考えが多数を占め、批判的意見はほとんどみられなかった。

　朝鮮総督府による植民地政策は、日本民族と同じくするという同化主義に基づき、近代化を進めるものであった。しかし、それは韓国独自の民族性を認めず、近代化を押しつけるものでもあった。

（勝田　政治）

Column 5-2   海を渡った「写真花嫁」

　「写真花嫁」という存在は知っているだろうか。写真と手紙のやり取りを通じたお見合いをし、一度も本人同士会ったことがない状況で入籍し、海外に移住した女性を意味する。20世紀初頭、「写真花嫁」の多くはアメリカに渡り、現地で働いている日本人男性と結婚した。日本人男性は単身で渡航してアメリカで働くことが一般的であったため、彼らが家庭をもつには日本から結婚相手を呼び寄せるしかなかったのである。当時、日本人移民が多くいたカリフォルニア州など多くの州では異人種間の結婚が禁止されていたこともある。異国で暮らす彼ら自身も日本人女性との結婚を望んだという。

　「写真花嫁」が増加したのは、1907（明治40）年から1908（明治41）年にかけて日米間で交換された日米紳士協約以降である。これによって、日本政府は日本人労働者にアメリカ本土行きの旅券を発券しない自主規制を行った。このような自主規制の背景には、日本人排斥運動の激化があった。この日本人排斥運動以前には、中国人移民労働者の排斥運動がアメリカでは起こっていた。

　19世紀は「移民の世紀」であった。特に南北戦争後、経済発展が著しいアメリカには、世界中から「アメリカン・ドリーム」を求めて大量の移民がやってきた。中国からも大量の移民がアメリカにやってきて、鉄道建設や鉱山で肉体労働に従事した。そこで働いた苦力（クーリー）と呼ばれた中国人移民は勤勉で安価な労働力であったため、現地労働者の雇用を奪ったとみなされ、排華運動が起こった。アイルランド人移民との軋轢も生じた。その結果、1882年に中国人を排斥する法律が施行され、中国人の移住が禁止されると、その「代替」として日本人移民の数が増加した。すると今度は、日本人移民が排斥の対象となったのである。

　「写真花嫁」は現地メディアで批判されるようになったため、1920（大正9）年2月以降「写真花嫁」のみへの旅券発給が停止されたが、その間本土、ハワイ合わせて1万3000人もの「写真花嫁」がアメリカに渡ったとされる。しかし、1924（大正13）年には排日移民法が制定され、日本人移民そのものが禁止された。

（石野　裕子）

●参考文献

貴堂嘉之『移民国家アメリカの歴史』（岩波新書、2018年）

島田法子編著『写真花嫁・戦争花嫁のたどった道——女性移民史の発掘』（明石書店、2009年）

参考文献

青山忠正『明治維新』（吉川弘文館、2012 年）

飯塚一幸『日清・日露戦争と帝国日本』（吉川弘文館、2016 年）

猪飼隆明『西南戦争』（吉川弘文館、2008 年）

井上勝生『幕末・維新』（岩波新書、2006 年）

大谷正『日清戦争』（中公新書、2014 年）

大日方純夫『「主権国家」成立の内と外』（吉川弘文館、2016 年）

勝田政治『廃藩置県』（角川ソフィア文庫、2014 年）

勝田政治『明治国家と万国対峙』（角川選書、2017 年）

佐々木克『幕末史』（ちくま新書、2014 年）

瀧井一博『文明史のなかの明治憲法』（講談社、2003 年）

原田敬一『日清・日露戦争』（岩波新書、2007 年）

麓慎一『開国と条約締結』（吉川弘文館、2014 年）

牧原憲夫『民権と憲法』（岩波新書、2006 年）

松尾正人『維新政権』（吉川弘文館、1995 年）

三谷博『ペリー来航』（吉川弘文館、2003 年）

ブックガイド

小林和幸編『明治史講義【テーマ篇】』（ちくま新書、2018 年）……開国から大正政変までの時期について、20 のテーマを掲げて最新の研究成果を基にし、わかりやすく述べている書物である。テーマを追っていけば明治時代を通史的に理解できる。

筒井清忠編『明治史講義【人物篇】』（ちくま新書、2018 年）……明治という時代を動かした人物のなかで、政治家を中心とする 23 名を取り上げ、最新の研究成果を基にし、それぞれの生涯を簡潔に述べている書物である。人物を通して見る明治史である。

🏛 **横浜開港資料館**（神奈川県横浜市）

　横浜市の山下公園の近くにあり、1854（安政元）年に日米和親条約が結ばれた場所に建てられている資料館。開港記念日にあたる1981（昭和56）年6月2日に開館。敷地内には別館として、1931（昭和6）年築造の旧イギリス総領事館が、中庭には和親条約が結ばれたときから幕末の大火や大正時代の関東大震災に耐えてきた、「たまくすの木」がある。館内には、ペリー『日本遠征記』、ペリー来航時の瓦版、開港時の錦絵・地図・写真などが展示され、開港前後の日本や世界の情勢が紹介されている。

📍**所在地** 神奈川県横浜市中区日本大通3／**開館時間** 9：30～17：00（入館は16：30まで）月曜日、年末年始は休館／**入館料** 200円／**アクセス** みなとみらい線日本大通り駅3番出口から徒歩2分。JR関内駅（南口）、市営地下鉄関内駅から徒歩約15分

HP http://www.kaikou.city.yokohama.jp/

日本と中国

■概　観

　第6章から第9章では、辛亥革命期から日中国交正常化までの日本の歩みについて、清朝崩壊以後の混乱する中国情勢のなかで、日本側がどの「中国」を正統な政府と認めようとし、どのような「中国」が望ましいと考えていたのかという点に着目して記述する。なぜなら、こうした問題は、日中関係のみならず、日本近現代史の様々な分野と深くかかわっているからである。もちろん、個別には数多くの中国認識やそれに基づく中国論があったが、ここでは日本政府の対中国政策とその背後にある中国認識に注目する。

　辛亥革命によって東アジアの中心的な存在であった清朝が崩壊したことは、日本の中国観を複雑化させた。さらに、第一次世界大戦の勃発後、日本が政治経済的に大国化していくのと並行して、「日支親善」というスローガンが頻繁に使用されるようになり、対華21カ条要求や西原借款など積極的な対中国政策が実施された。大戦終結後の中国では軍閥による内戦が頻発し、政権が安定しなかったため、日本政府は「内政不干渉主義」を標榜した。こうした状況のなかで、蒋介石率いる国民党が北伐を開始し、統一事業を進めたことは、安定した中国の登場に期待をもたせるものであった。ただし、日本国内での蒋介石や国民党政権への評価は多様であった。一方、満洲では関東軍が独自の満蒙統治構想に基づき満洲事変を引き起こした。日本政府は関東軍を十分に統制することができず、軍部に引きずられ、国際的に孤立するという結果を招いた。その後、東亜新秩序をめざした近衛文麿内閣の「中国」への対応は二転三転し、最終的には国民政府の否認へと行き着き、日中戦争へと至る。

　アジア・太平洋戦争での敗戦後、連合国軍の占領下にあった日本はアメリカの対東アジア政策の影響下にあったため、国共内戦に敗れ、台湾に拠点を移した蒋介石の国民政府を「中国」として承認した。一方、中華人民共和国との間では、民間を通じた経済交流が模索され、LT貿易が開始された。こうした日本と「中国」との関係の背後には、国民政府と国交を樹立しつつ、中華人民共和国との関係も構築する「2つの中国」政策が基調にあった。さらに、池田勇人内閣期には、国連における国民政府の地位を維持しつつ、中華人民共和国の国連加盟を実現させる「2つの中国」政策が試みられた。中ソ対立を発端とし、東アジアにおける冷戦構造が転換すると、米中接近がみられるようになった。日本では、日中関係を重視する田中角栄内閣が誕生し、中華人民共和国との日中国交正常化が実現した。

年　表

年　号	できごと
1911（明治 44）	10 月　武昌蜂起の発生（辛亥革命の始まり）
1912（大正元）	2 月　清朝の崩壊
1914（〃 3）	8 月　第一次世界大戦の勃発
1915（〃 4）	1 月　日本政府、中国政府に 21 か条にわたる要求書を手交
1918（〃 7）	9 月　原敬内閣の成立
1921（〃 10）	11 月　ワシントン会議の開催（〜1922 年 2 月）
1924（〃 13）	6 月　加藤高明内閣の成立
1927（昭和 2）	4 月　田中義一内閣の成立
1928（〃 3）	6 月　張作霖爆殺事件
1930〜1931	昭和恐慌
1931（〃 6）	9 月　柳条湖事件の発生
1932（〃 7）	3 月　「満洲国」の建国
1937（〃 12）	6 月　第一次近衛文麿内閣の成立 7 月　盧溝橋事件の発生（日中戦争の始まり） 9 月　第二次国共合作の成立
1941（〃 16）	12 月　真珠湾攻撃（太平洋戦争の始まり）
1945（〃 20）	8 月　終戦の詔勅 9 月　日本政府、連合国との間で降伏文書を調印
1949（〃 24）	10 月　中華人民共和国の成立
1950（〃 25）	6 月　朝鮮戦争の勃発（1953 年 7 月に停戦）
1951（〃 26）	9 月　サンフランシスコ平和条約の調印 9 月　日米安全保障条約の調印
1952（〃 27）	4 月　日華平和条約の調印
1962（〃 37）	11 月　「日中総合貿易に関する覚書」の調印
1971（〃 46）	7 月　アメリカの特使キッシンジャーの訪中
1972（〃 47）	7 月　田中角栄内閣の成立 9 月　日中共同声明の調印（日中国交正常化）

混乱する「中国」

（1911〜1927 年）

第1節 「日支親善」と大国化

　1911（明治 44）年 10 月 10 日、中国では、長江中流域の武昌で反清朝を掲げる
武装蜂起が発生した（辛亥革命）。日本政府は国際協調主義に基づき清朝支持を
表明し、事態を静観した。一方、日本の陸軍や民間資本のなかには独自の中国観
や実利の追求を背景に孫文を中心とする革命派（のちに南京政府を樹立）に接近
する動きがあった。こうした清朝と南京政府が並存する状況下、日本では混乱な
いしは分裂した中国が望ましいと考える陸軍軍人が存在するなど中国観の分裂が
顕著であった。清朝が倒れると、新たに成立した袁世凱政権（北京政府）内での
政治対立から第二革命が発生するが、これは袁世凱によって鎮圧された。その後、
日本政府は欧米諸国とともに、袁世凱政権を中国の正統な政府と認めた。

　第一次世界大戦は、中国をめぐる国際関係に大きな変容をもたらし、日本が大
国化する転換点となった。第二次大隈重信内閣は日英同盟に基づいて参戦し、
1915（大正 4）年 1 月には、「日支親善」を目的として、袁世凱政権に 21 か条の
要求を行った。この要求は、第一号から第五号までで構成され、満蒙権益の強化
や山東半島利権のドイツからの継承などが主な内容であった。しかし、欧米各国
に秘匿されていた第五号については、中国の内政干渉にあたるという理由から外
交問題に発展し、欧米や中国、日本国内からも反発の声が上がった（奈良
岡 2015）。とはいえ、こうした大隈内閣の外交政策は、欧米各国政府と同様に袁
世凱政権を正統な政府と認めた上での政策であり、それまでの中国認識から大き
く逸脱するものではなかった。

　しかし、大隈内閣は、国内の政治状況の変化や袁世凱政権による中央集権化政
策（帝制運動）の進展を背景に、反袁・排袁政策を展開する。当初、イギリスを
含む関係各国は、帝制運動への目立った反対の動きをみせなかったが、大隈内閣
が反対を明確にしてからは、袁世凱政権に帝制の断念を要請するようになった。

同時に、中国で帝制実施に反対する第三革命が発生した結果、袁世凱政権は、帝制の取消を余儀なくされた。このように、第二次大隈内閣後期の対中国外交は、①袁世凱政権を「中国」の正統な政府と認めるというそれまでの外交方針を転換させ、②第一次世界大戦が長期化し、中国をめぐる国際関係が変化するなかで主導的な役割を演じたという意味で画期的であった。

　大隈内閣の後に成立した寺内正毅内閣は、大隈内閣の外交政策を批判し、大戦景気を背景とした「経済的日支親善主義」を政策目標として掲げ、西原借款やシベリア出兵を実行した。西原借款は、実業家の西原亀三を介して行われ、①満蒙権益の拡大、②国内への正貨流入による物価高騰対策、③中国における親日政権の創出などを目的としていた（久保田 2016）。この政策は、段祺瑞政権を欧米の各国政府が正統な政府と承認していることを前提としていた。また、寺内内閣は、ロシア革命の満洲への波及防止を目的に中国政府との間で陸海軍に関する軍事協定をそれぞれを締結した。これらの軍事協定は、来たるべきシベリアへの出兵の準備としての側面を有していた。このように、日本が満蒙への影響力を扶植するためにも、段祺瑞政権の親日化と安定化が不可欠であったのである。

　大戦勃発直後の景気の後退から大戦の長期化による大戦景気へと経済状況が大きく変化していくなか、大隈、寺内両内閣は「日支親善」を政策目標に掲げていたが、その内実はかなり異なったものであった。

第2節　国際協調外交への転換

　第一次世界大戦期の日本は、中国をめぐる国際環境の変化や好景気を背景に、自主的な対中国政策を展開した。そのことは日本外交に対する国際的な反発を高める結果を招いた。そうした批判への対応を迫られたのが原敬内閣であった。原内閣は欧米各国政府と共同して、まず中国の南北両政府に和平勧告を行った。寺内内閣の総辞職と前後して、中国では、段祺瑞政権が倒れ、徐世昌政権が成立していた一方、南方には孫文を中心とする政権（広東軍政府）が存在しており、混乱した状況であった。また、原内閣は、国際協調を外交政策の基本とし、アメリカ主導の新四国借款団の結成やワシントン会議の開催に積極的に応じた。新四国借款団の結成は、既存のイギリス主導の国際的な対中国借款の枠組みをアメリカ主導のもとで再編成する試みとしての側面があった。原内閣は、満蒙全体を地域

として国際借款団の事業範囲から除外しようとする概括主義に対し、個別の既得権益の除外を求める列挙主義を採用し、アメリカとの間で妥協可能な条件のもと参加を決定した。

　ワシントン会議への参加も原内閣のもとで決定された（会議の開催時には高橋是清内閣となっていた）。ワシントン会議では、海軍軍縮に関する五カ国条約、中国問題に関する九カ国条約、アジア・太平洋問題に関する四カ国条約が締結された。四カ国条約によって、アメリカ側の強い意向を背景に日英同盟が廃棄され、日米英仏による新たな枠組みが構築された。九カ国条約に関しては、すでに個別の条約や協定で確認されていた中国に関する外交原則としての「独立・領土保全・機会均等」が、アメリカが中心となり、集団的に確認されたことが重要である。また、原内閣は、中国問題に関する閣議決定を行い、東三省の有力な軍閥である張作霖との提携を通じて、満洲権益の擁護・拡大をめざす一方、「中国本土」（China Proper）へは不干渉を方針とした（内政不干渉主義）。このように原内閣は、第一次世界大戦の終結とアメリカの台頭という国際情勢を機敏に察知し、国際協調に基づいた外交政策を展開するが、満蒙における日本の権益の擁護・拡大を継続することも忘れなかった。

　こうした国際協調外交の背景には、①アメリカが積極的に東アジアに関与してきたこと、②大戦景気が終わりを告げるなかで、国際協調が日本経済にも適合的であったこと、③段祺瑞政権崩壊後の中国情勢がますます混迷を深めていたことなどが挙げられる。総じて、「英米協調の不可避的な状況」が出現していたといえよう（佐藤 2009）。

第3節　第一次幣原外交——国際協調外交の継承——

　原内閣後、日本は度重なる恐慌に見舞われた。1923（大正12）年には、関東大震災が発生し、震災恐慌が発生する。政府は金融界の救済措置を取ったが、そのことは淘汰されるべき不良な企業を救済することにもつながった。

　第一次世界大戦後における国際協調の風潮のなかで、日本政府は満洲権益の確保と内政不干渉方針に基づく対中国政策を展開した。貴族院議員や枢密院議長を務めた清浦奎吾が内閣を組織した後、第二次護憲運動が起こり、憲政会、政友会、革新倶楽部（以上を護憲三派と呼ぶ）を中心とした加藤高明内閣が成立した。こ

の内閣で外相を務め、国際協調外交を進めたのが、幣原喜重郎であった。加藤内閣・第一次若槻礼次郎内閣期に行われた外交は、「幣原外交」（第一次）と呼ばれる。

　加藤内閣は、第二次護憲運動で争点となった普通選挙の実現を最重要課題としており、これらと比較して、外交問題は重要な争点ではなかった。しかし、中国では政治情勢が大きく変化しつつあった。

　安直戦争、第一次・第二次奉直戦争など北方で各軍閥が抗争を繰り広げている一方、1924（大正13）年には国民党と共産党との間で第一次国共合作が実現すると、反軍閥政府・反帝国主義の動きが盛り上がった。こうしたことを背景に、北方の中国政府は国権の回復を進め（修約外交）、すでにワシントン会議において約束されていた、関税自主権の回復に関する会議の開催を関係各国に呼びかけた。その結果、北京関税特別会議が開催されることになり、幣原外相は率先して会議への参加表明を行い、中国政府に好意的な姿勢を示した。中国国内の政情不安のため、会議は休会に追い込まれたものの、事実上、関係各国は中国の関税自主権の回復を認めた。

　中国の統一をめざしていた国民政府は北伐を進め、長江流域にまで達するようになった。しかし、国民政府軍は、南京で日本人を含む外国人を殺傷する事件を引き起こした（南京事件）。イギリス政府は、報復を目的に軍艦を派遣し、国民政府軍に攻撃を加えることを日本政府に提案した。幣原外相は、内政不干渉主義に基づき、イギリスの勧誘を拒絶したが、英米は共同で軍事行動を実行した。そもそも幣原外相は、蒋介石の中国統一

図6-1　北伐関連図（詳説日本史図録編集委員会編 2017：281一部改変）

に好意的であり、その統一政権と外交交渉を行うという構想であったといわれている。ただし、日本国内には、国民政府による中国統一に否定的な意見も存在していた。また、こうした幣原外相の内政不干渉主義は宇垣一成陸相から批判されるなど、対中国政策をめぐる外務省と陸軍との溝を深める結果をもたらした。

　一方、第一次世界大戦により多額の資本を蓄積した日本の紡績会社は、国内賃金などの上昇を背景に、中国での大規模工場の建設を推進した。これらの企業は在華紡と呼ばれる。しかし、このことは、現地における在華紡と中国人労働者との関係悪化にもつながり、ストライキが発生し、在華紡は日貨排斥運動の攻撃対象となった。こうした経済をめぐる日中間の摩擦も、幣原の内政不干渉主義や経済重視の外交姿勢に影響を与えていた。

　幣原外相の国際協調外交に水を差す事態も発生していた。アメリカでの「排日移民法」の成立である（1924年7月施行）。日本人移民に対する反発は、すでに1900年代から日米間で外交問題化していた。第一次世界大戦後になると、日本人移民の数は増加の一途をたどり、現地人と移民との衝突が発生していた。「排日移民法」成立の結果、対米移民が減少し、日本人の移民先は満蒙へとシフトしていった。

　以上のように、中国情勢の混乱によって、日本国内には様々な中国認識が生まれ、政策に反映されることとなった。そのため、内閣の交代により、政策の転換がたびたび図られたのであった。

第 7 章

政党内閣の迷走と軍部の台頭

（1927〜1931 年）

第 1 節　田中外交

　第一次世界大戦や関東大震災に関する不良債券の蓄積とその処理をめぐって、金融恐慌が発生した。この恐慌は第二次若槻礼次郎内閣の総辞職につながるなど大きな政治問題となった。若槻内閣の次の田中義一内閣は枢密院の協力を得て、事態の収拾を図った。結果、①不良債権の整理により、金融面での不安が解消し、②金利の低下による有利な投資環境が登場した（石井寛治他編 2002）。こうした国内の経済状況を背景に田中内閣は積極的な対中国政策を実行する。

　政友会を与党として成立した田中内閣は、田中首相が外相を兼任していたが、政友会の代議士で外務政務次官の森恪が政策形成に大きな影響を与えていたといわれている。田中自身は、原内閣期に新四国借款団の結成やシベリア出兵が議論されるなか、満蒙権益の確保や出兵を強く主張した人物である。

　田中内閣の代表的な対中国政策として挙げることができるのが、第二次東方会議の開催と山東出兵である。田中内閣は、前の若槻内閣の対中国外交を弱腰外交と批判し、対中国政策の刷新のために、東方会議を開催した。この会議は、外務省、陸海軍省のみならず、朝鮮総督府や関東庁からも参加者を集め、対中国政策を横断的に確立することを目的としていた。会議の結果、「中国本土」と満蒙への政策方針を示した「対支政策要綱」が作成され、①中国の「平和的経済的発達」を希望するが、そのためには強固な中央政府が必要であるという認識のもと、現状ではそうした政府の成立は期待できない、②東三省の有力者で日本の満蒙における特殊地位を尊重する場合、日本としてはこれを支援するとされた（「東方会議『対支政策綱領』に関する田中外相訓令」、外務省編 1966）。この決定に関しては、国民党の強力さを認識し、穏健派を支持するという幣原以来の方策を踏襲しただけであり、この会議を過大に評価すべきではないという見解もある（入江 1968）。田中内閣が、満蒙と「中国本土」とを分離するという従来の方針は変えなかった

ことは確かであり、中国統一に向けて、国民党の優位な状況を認めるという内容であるが、①国民党を一枚岩のものととらえていないこと、②満蒙権益のためにより積極的に関与すること、③「現地保護」のためには出兵も辞さないことを決定したことは画期的であった。幣原外交と比べ、蒋介石の権力掌握に消極的であったことがうかがえる。以上のような特徴をもつ外交を「田中外交」と呼ぶ。ちなみに、第二次東方会議は、原内閣期に開催された第一次東方会議と同様に、内閣による対中国政策の主導権の掌握という目的があった。

　一方、中国では、勢力を盛り返した蒋介石の北伐軍が山東半島に迫っていた。北伐軍の一部は山東省の日本人居留民に襲撃を加えたため、田中内閣は、南京事件に対する幣原前外相の対応を批判し、権益の擁護と日本人居留民の保護のために派兵を決定した。日中両軍は、山東半島の済南で衝突し（済南事件）、北伐軍は済南から撤退し、北伐を続行した。国民政府は日本の派兵を内政干渉であるとして強く批判した。

　このように、田中内閣が行った山東出兵は、「中国本土」で日本人の安全が侵害されるような危険が生じた際の自主的行動という意味合いをもつものであった。南京事件の際、幣原外相が、英米からの勧誘にもかかわらず、内政不干渉主義の立場から軍事行動への不参加を決定したことと比べると対照的である。

第2節　第二次幣原外交

　田中内閣が総辞職すると、立憲民政党を与党とする浜口雄幸内閣が成立した。すでに日本経済は減速局面に入っていたが、「小さい政府」志向の浜口内閣は、デフレ政策を掲げ、経営状態が不良な企業の整理をめざした。その代表的な政策のひとつが金輸出の解禁（金解禁）であった。第一次世界大戦後、欧米各国が次々に金解禁を実行していたにもかかわらず、日本は関東大震災や度重なる恐慌のため、実施に至っていなかった（表6-1）。また、金輸出を解禁していない日本の為替は不安定化し、下落する傾向にあった。そのことは、廉価な日本製品の競争力を高めることになるため、欧米各国は早期の金解禁を日本政府に求めていた。金解禁は、国内経済にとどまらず、国際関係上でも必要とされていたのであった。

　こうした状況に対処すべく、浜口内閣では幣原外相と井上準之助蔵相を中心に外交と経済政策が展開されていく。加藤内閣期の幣原外相による外交を第一次幣

原外交と呼ぶのに対し、浜口内閣期の外交は第二次幣原外交と呼ばれる。1930（昭和5）年1月、ついに金解禁が実施されるが、この時期にはすでに世界恐慌が発生しており、その影響は日本を直撃した。農村では米価が下落し、農民の所得が低下し、都市では企業の倒産によって、失業者が増加するなど深刻な不況に陥った。

表6-1　各国の金解禁の年月

国名	金輸出禁止	解禁	再禁止
日本	1917.9	1930.1	1931.12
イギリス	1919.4	1925.4	1931.9
アメリカ	1917.9	1919.7	1933.4
ドイツ	1915.11	1924.10	1931.7
フランス	1915.7	1928.6	1936.9
イタリア	1914.8	1927.12	1934.5

（詳説日本史図録編集委員会編 2017：282）

　ワシントン会議以降、世界的に軍縮が進展していたが、世界恐慌の発生によって、その流れはさらに加速した。同年1月、補助艦の保有比率を協議するために、ロンドン海軍軍縮会議が開催された。この会議に対して、日本国内では大きく分けて2つの立場があった。1つ目は、海軍の強硬派（艦隊派）が、対米開戦を想定した場合、日本海軍は対米7割の保有を維持しなければならないと主張していた。2つ目は、浜口内閣と財部彪海相や岡田啓介前海相ら（条約派）（条約締結を優先する条約派と呼ばれる）のように、対米7割に届かなくても、国際協調の立場から条約締結をめざす勢力であった。艦隊派は、東郷平八郎元帥や加藤寛治軍令部長のもとに集まり、浜口内閣に対米7割の貫徹の圧力をかけた。しかし、浜口内閣と条約派の協調のもとで、米英が10に対し、日本が6.975という7割未満の比率で妥結に至った。

　幣原外相は、ロンドン会議で見られた日米協調を中国問題でも再現させようと考えており、中国の治外法権問題を日米英協調のもとで交渉する方針であったが、アメリカ側にはそうした発想はなかったといわれている（服部 2017）。つまり、アメリカ政府内に幣原外交への理解があったとしても、中国問題をめぐる協調行動に直結するわけではなかったのであった。

　ロンドン海軍軍縮条約の締結は、国際協調を標榜する浜口内閣の外交成果であった。ただし、批准の手続きをめぐって、国内では政治問題が発生した。艦隊派は、海軍兵力の編成は天皇の統帥権にかかわる問題であり、軍令部が天皇を輔弼（天皇の権能行使に対して助言すること）することになっているとし、浜口内閣はそうした統帥権を干犯したと批判した。艦隊派だけではなく、野党の政友会も加わり、統帥権干犯問題として、政治問題化したのであった。さらに、条約の批准

を審査する枢密院でも浜口内閣に対する批判が高まった。こうした状況に対し、浜口内閣は枢密院工作をし、何とか批准にこぎ着けた。結果として、浜口内閣は国内の反対勢力を抑えて、国際協調を貫徹することに成功した。しかし、批准をめぐって、政友会などと激しく非難し合い、政党そのものに対する世論からの反発を招いたことは政党政治に対する負の影響であった。

　恐慌下の浜口内閣では、中国への経済進出を活発化させることも重要な政策課題であった。北伐完成後、英米を中心とした各国は、中国政府の関税自主権の回復を認めた。幣原外相のもと日本政府も中国政府の関税自主権の回復に関する外交交渉を進め、欧米諸国に遅れてではあるが、日中関税協定を調印した。

　中国では蔣介石による統一事業が進展したが、日本側の蔣介石政権に対する評価は様々であった。加えて、外交方針の違いが政党間の対立で増幅され、満蒙や「中国本土」に対する政策の相異が過度に強調されることにつながったのであった。

第 8 章

満洲事変から日中戦争へ

(1931〜1945 年)

第 1 節　満洲事変

　前章まで、政党内閣期の対中国政策について、内閣の動きを中心に概観してきた。ここで、時期を少しさかのぼって、陸軍と政治とのかかわりを確認しておきたい。なぜならば、1930 年代以降における日本の対中国政策を考える際、軍部、特に陸軍の動向は見逃せないからである。

　原内閣では、首相が陸相と海相を通じて軍部をある程度統制できていたことや、世界的に景気後退が進むなか軍拡が抑制されていたこともあり、軍部の突出した政治化はみられなかった。また、原内閣期には、満洲経営への内閣の関与を強化するために、関東都督府（第 5 部近現代篇 I　第 5 章 p.154 を参照）が廃止され、関東州の民政部門を担う関東庁と軍事部門を担当する関東軍に分離された。当時はいかにして植民地経営を改革し、文官の関与を強化するかという点に主眼があったため、現在の研究でもこうした側面に注目されることが多い。ただ、結果的に見ると、軍事と民政を分離することは、両者を橋渡しする権力が弱体化した場合、軍事部門の独自行動を統制できないという問題が生じてしまう。

　中国情勢が混乱する一方で、関東軍の中堅層と陸軍上層部との満洲経営構想の違いが顕著になった。袁世凱死後の満洲では張作霖という軍閥が大きな影響を持つようになっていた。張は、北方軍閥の内戦に乗じて関内に進出、1927（昭和 2）年 6 月には、北京で安国軍政府を組織した。田中内閣は張作霖を支援しつつ、日本の満蒙権益を擁護するという方針を示していたが、関東軍の河本大作は、日本の在満権益を維持・拡大するためには、張作霖に代わる親日有力者を擁立しなければならないと考えていた。田中内閣は、政友会の実力者であった山本条太郎を満鉄の社長に就任させ、張作霖との間で日中協力を目的とした満洲の鉄道建設に関する協約を締結した。1928（昭和 3）年 6 月、国民政府は北京から張作霖を追い出し、北伐を完成させた。関東軍は、北京から本拠地である満洲へと帰還する

張作霖を列車ごと爆破した（張作霖爆殺事件）。この事件によって、田中内閣の方針は頓挫した。張作霖の息子であり、後継者でもある張学良は国民政府への帰順を明確にすると同時に、海外資本の支援のもと、満鉄平行線の建設を推し進めるなど日本に敵対的な行動をとり、関東軍はもとより、田中内閣の方針とも対立する姿勢を示したのであった。このように、張作霖爆殺事件は、日本側の対満政策を混乱させるとともに、中国に対日強硬的な地方政権を誕生させるなど事態を悪化させた。この事件は、田中内閣に打撃を与えただけではなく、満洲をめぐる内閣と関東軍との対立を顕著に示す出来事でもあった。

　さらに 1931（昭和6）年、関東軍は、満洲領有を主張していた板垣征四郎、石原莞爾が計画の中心となり、柳条湖付近の満鉄線を爆破した（柳条湖事件）。柳条湖事件から塘沽停戦協定に至る中国東北部での日本の軍事侵略のことを満洲事変と呼ぶ。関東軍は、この事件を国民政府軍の仕業として、満鉄線に沿いながら進軍し、破竹の勢いで満洲各地を占領した。張学良が満洲を不在にしていた隙を突いて行われたこともあり、数的には関東軍に勝る張学良軍はこの事件にすぐに対応することができなかった。第二次若槻礼次郎内閣（幣原外相）は、「現地解決」方針を打ち出したが、林銑十郎を司令官とする朝鮮方面軍が天皇の裁可を待たずに満洲に越境するなど事態は拡大の一途をたどった。

　一方、国民政府は、柳条湖事件の発生からほどなくして、国際連盟に日本の軍事行動の違法性を訴え、国際紛争を解決する手段として、国連の場での話し合いを主張した。しかし、若槻内閣は、国民政府との二国間での交渉方針を譲らなかった。このような日中両国の対立をめぐって、国連は有効な手段を講じることができなかった。

　こうしたなか、熱河作戦が行われる

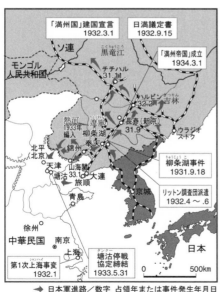

図 6-2　満洲事変関連図
（黒田監修 2014：275 一部抜粋）

など満洲にとどまらず、華北へも関東軍の軍事行動が拡大した。このように、満洲を越えて、中国本土での軍事行動ととらえられるような事件が発生すると、アメリカ政府は日本の行動は自衛権の範囲を超えており、パリ不戦条約や九カ国条約に違反しているとして非難を強めた。さらに、国連もこの問題を本格的に取り上げるようになり、リットン調査団が派遣された。日本の行動を説明するために国連で行われた松岡洋右全権大使の演説は、すでに発生した事態を正当化するためのものであったが、「満洲国」の独立国家としての地位を主張しつつ、中国を「仮想の支那」と呼び、国民政府の統治能力への疑問を強調している点にも特徴がある（「国際連盟総会に於ける松岡代表演説」、外務省編 1966）。ただし、現地軍の暴走を食い止めることができず、「現地解決」に終始し、事態の拡大を招いてしまったことは、日本政府が関東軍を抑制することができなかったことを示している。日本政府は 1933（昭和 8）年 3 月に国連脱退を表明した。一方、満洲事変は 1933（昭和 8）年 5 月の塘沽停戦協定で収拾された。その後、日本政府は「満洲国」の存在を前提とした政策を実行していくようになる。

リットン調査団の派遣中に建国されたのが「満洲国」である。「満洲国」は、アジア・太平洋戦争後の日本、中国、韓国に少なからぬ影響を与えており、興味深い存在であるが、紙幅の都合もあり、ここでは詳しく取り上げることはできない（山室 2004、姜・玄 2010 を参照されたい）。ただ、この「満洲国」は日本が新たな地域秩序を構想するにあたって重要な存在となること、「満洲国」で実施された政策が内地に逆輸入されたことを指摘しておきたい。

第 2 節　東亜新秩序の模索と日中戦争

日本政府による国連脱退の通告やワシントン海軍軍縮条約の破棄通告（1934 年 12 月）などによって、それまでの日本外交や日本をめぐる国際秩序が依拠してきた国際的な組織や原則が機能不全に陥った。そこで、日本政府は、日本、「満洲国」、「中国」による新たな東アジア秩序を構想するようになる。

塘沽停戦協定後、日中両国は妥協的な外交を展開する。国民政府は、「満洲国」の解消と原状の回復という従来の要求を棚上げし、日本のさらなる侵略の回避を目的とした。一方、日本政府は、広田弘毅外相のもと、「満洲国」の存在を前提としながらも、万里の長城以南には進出せず、経済協力を通じて中国との関係修

復を図ろうとしていた。

　しかし、中国では、西安事件（1936年12月）をきっかけに、国民党と共産党とが一致して日本に対抗するために国共合作が行われた（第二次）。これ以降、日中対立は深刻化していくことになる。

　1930年代後半、日中関係が緊迫化するなか登場したのが、近衛文麿であった。近衛は、元老である西園寺公望をはじめ一部の政治家、そして、国民からも人気があり、そうした国民的期待を背景に、軍部のコントロールも期待されていた。近衛は、第一次内閣の任期中に、盧溝橋をはさんで対峙していた日中両軍の偶発的な衝突を発端とした日中戦争の勃発に直面する。当初、日中戦争が長期化するとは考えられていなかった。軍部のなかに、首都である南京を占領すれば、国民政府軍は降伏するとの楽観的な見方があったほどである。一方で、ドイツのトラウトマン在華大使を通じた日中の和平工作も行われるなど、事態の収拾を図る動きも存在していた。

　日中戦争が始まると、日本政府の「中国」に対する方針は二転三転する。近衛内閣は、対中国政策に関する第一次から第三次までの声明を発表した。第一次声明は、トラウトマン工作の失敗を受け、「国民政府を対手とせず」といった言葉を用いて、交渉相手としての国民政府を否定した。このことによって、戦争の終結はますます困難なものとなった。第二次声明は、「東亜新秩序建設に関する声明」とも呼ばれる。日本軍が広州や武漢など中国の要衝を次々に占領したものの、和平への糸口が見出せない状況で発表され、国民政府を和平の交渉相手として認め、第一次声明を転換した。第三次声明は、日本側が国民政府の要人であった汪兆銘を首班とする政権樹立の準備を進めていた時期に発表された。近衛内閣は、汪兆銘政権を念頭に、「善隣友好・共同防共・経済提携」方針を打ち出した。こうした声明は、アメリカを中心とする各国政府に、九カ国条約への挑戦であると受け止められた。

　この頃から、欧米の各国政府による中国政府への支援が活発に行われるようになる。欧米各国は、財政的な支援にとどまらず、「援蒋ルート」（華南沿岸ルートから仏印・ビルマルートへと移動する）を通じて、中国政府への物資支援を続けた。これに対し、日本軍は、広東省の一部や海南島などを占領したが、ルートを完全に遮断することができなかった。加えて、日本側では、日中戦争の長期化の原因

として、こうした欧米各国の支援があるとの認識が強まった。

　1941（昭和16）年12月に、日本政府が米英両国政府に宣戦布告すると、日本の戦争は中国大陸からアジアや太平洋へと拡大していった。日本は緒戦で勝利を重ね、東南アジア諸国を占領し、「友好国」と関係を強化しようとした。中華民国国民政府（汪兆銘政権）、「満洲国」、フィリピン、ビルマ、タイ、インドの首脳を集め、大東亜会議が開催された。こうしたなかで使用された「大東亜共栄圏」という言葉は、東亜新秩序と比べ、日本の盟主としての地位をより明確化していたが、実態として存在していたのではなく、日本の占領地の拡大にともなって、占領地や友好国などを包含する地域に関する理念を表明したスローガンであった（有馬 2002）。この「大東亜共栄圏」は、外向けには日本、植民地、友好国、占領地などの連帯を主張し、内には、国民を始めとして住民の協力を動員するため

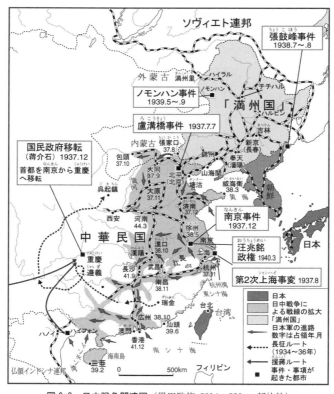

図6-3　日中戦争関連図（黒田監修 2014：280 一部抜粋）

のものとなったのであった。

　太平洋戦争開戦後の中国戦線において、日本は、一号作戦と呼ばれる中国西南地区のアメリカ空軍基地の占領作戦をある程度成功させるなどの成果を挙げたが、次第に制空権を失うようになった。一方、華北では、中国共産党を中心に抗日戦が激化していた。こうした戦局の悪化にともない、小磯国昭内閣は、国民政府との和平条件を模索し、蒋介石の南京への帰還と中国における統一政府の樹立を承認する方針を決定し、これまでの政策方針を大きく転換した。「満洲国」のみを維持し、1932（昭和7）年以後の中国における「成果」をすべて解消するものであった（臼井 1967）。ここに至って、汪兆銘政権という存在は国民政府との和平の障害となったのであった。

　1945（昭和20）年8月10日、支那派遣軍は、日本政府が天皇制維持を条件にポツダム宣言を受諾するとの情報を得た。派遣軍の総司令官であった岡村寧次は陸相・参謀総長宛にポツダム宣言受諾への反対を伝えた。しかし、日本政府はポツダム宣言を受諾し、中国戦線での敗戦処理が行われることになった。支那派遣軍は、日本軍の接収事務は大本営の命令により、蒋介石を相手に行われるとの認識であり、基本的にはそのように行われたが、アメリカ軍によって実行された地域も存在した。

　結局、日本政府は「提携」すべき「中国」を模索し、汪兆銘政権を選択したが、同政権は「中国」を代表する存在たり得なかった。その後の日本は、敗色濃厚となるなか、蒋介石の国民政府との間で和平交渉を目指すことになったのである。

第 9 章

日中関係の再構築

(1945〜1972 年)

第 1 節 「大日本帝国」の崩壊

　日本の敗戦は、新たな戦争をもたらすことになった。まずは、戦後の日本をめぐる国際関係に言及する前に、日本の敗戦直後における中国大陸、朝鮮半島、中国東北部、台湾の状況に簡単に触れておきたい（臼井 1967、加藤 2009）。

　中国大陸では、日本の敗戦直後から国共内戦が始まり、国を二分する戦争となった。戦後も中国に残留していた日本人のなかには、国民党、共産党の双方に参加して戦った人々もいた。また、朝鮮半島では、朝鮮総督府の統治が機能不全になるなか、新政府樹立の動きが活発化する一方、海外に亡命していた独立運動家が帰国し、活動するようになった。北はソ連軍に軍事占領され、金日成を中心とする朝鮮民主主義人民共和国が、南は朝鮮総督府からアメリカ軍に統治権が移譲され、大韓民国が誕生した。こうして、日本の敗戦後の早い段階から、現在に至る分断状況が出現したのであった。

　「満洲国」崩壊後の中国東北部は、ソ連軍の侵攻により混乱状態に陥った。「満洲国」の主力である関東軍が弱体化していたこと、さらに「満洲国」政府が機能不全になったことにより、日本人居留民の引き揚げが困難を極めた。日本人居留民は、引き揚げのため満洲各地から都市や港に向けて移動する途中で、子どもなどを置き去りにせざるを得ない状況となり、中国残留孤児という問題が発生した。

　一方、台湾では、これまでに触れてきた地域と比べると、施政権が台湾総督府から国民政府軍に引き渡されるまで、ある程度平穏であったといわれている。それは、①アメリカ軍の台湾上陸に備え、内地との連絡網の確保をするなど台湾総督府の対応が比較的適当であったこと、②台湾の統治権を奪還した国民政府軍の到着が 1945（昭和 20）年 10 月までずれ込み、敗戦前と変わらない政治や生活が継続していたことが主な理由であった。ただし、国民政府による接収後になると、政府と台湾の人々との対立が深まっていった。

このように、「大日本帝国」の崩壊は、国共内戦などのように抗日のために封じ込められていた対立を再発させ、あるいは、占領地の新たな帰属問題や植民地の独立問題を発生させた。東アジア情勢は流動化したといえるが、それは日本の植民地統治や占領地行政の矛盾が表面化した結果でもあった。

第2節 「2つの中国」と朝鮮戦争

敗戦によって、日本はアメリカ軍を中心とするGHQの占領下に置かれた。まず大きな問題となったのが、日本の経済復興である。敗戦直後の日本では、物価の騰貴など経済の混乱状況が続いており、産業の再建が不可欠とされていた。そうしたなかで、日本の経済復興がアジアの復興と一体であるとの認識は、戦争終結直後から広く日本の官民に存在しており、特に中国が重視されていた。しかし、中国で国共内戦が勃発し、アメリカと対立する共産党に有利な状況となると、日米にとって中国大陸は市場としての価値を低下させた。結果、東南アジア市場が復興の鍵としてとらえられるようになったのである。

当然ながら、日本の独立も大きな課題であった。西側諸国との講和を優先させる多数講和に対し、ソ連や中国を含めた交戦国すべてとの講和（全面講和）が社会党や労働組合、知識人の多くによって主張された。外務省は、多数講和とアメリカによる安全保障を志向しつつも、全面講和の可能性を閉ざさない路線を模索していたという。こうした方針に対し吉田茂首相は、早期の独立をめざす立場から、自衛能力をもたない日本はアメリカに安全保障を依存するほかなく、そうしたなかで経済発展を遂げるべきであると考えていた。ただし、多数講和を選択することによって、市場としての中国を喪失することへの懸念も同時に抱いていた。

1949（昭和24）年10月に中華人民共和国が成立すると、日本の独立への気運が高まると同時に、国際社会への復帰が強く意識され、日本の国際関係が盛んに議論されるようになった。結局、吉田首相を中心とした「軽武装・経済重視」路線が政府の主流となり、日本政府は早期の独立のため、アメリカやイギリスなど西側諸国との講和をめざした。アメリカのサンフランシスコで講和会議が開催され、日本の独立が承認されるとともに、日米安全保障条約が締結された。しかし、サンフランシスコ講和会議をめぐって、ソ連は出席したものの調印せず、中華人民共和国と中華民国はいずれも招待されなかった。独立回復後の日本には、①国

際連合への加盟、②東アジア諸国との戦争状態の法的終結、③かつて植民地であった地域に生まれた独立国との外交関係の樹立などが課題として残された。

　このような日本をめぐる国際環境は、朝鮮戦争後に固定化した。すでに戦争勃発以前から、朝鮮半島をめぐっては、北と南に別々の政府が成立し、それぞれをソ連とアメリカが支援する構図となっていた。朝鮮戦争は、北朝鮮軍が北緯38度線を越えたことで始まった。北朝鮮軍は、韓国の首都であったソウルなどを陥落させた。しかし、アメリカ軍を中心とする国連軍は韓国を支援し、北朝鮮軍を北緯38度以北に追い返し、一転優勢となる。朝鮮半島に西側の国家が誕生することを恐れた中華人民共和国は義勇軍を派遣し、北朝鮮を支援した。結果、北緯38度線付近で膠着した状態となった。このように、朝鮮戦争は東側と西側との明確な代理戦争であった。

　1950（昭和25）年10月には、日中友好協会が創立された。これに参加した諸団体は中華人民共和国寄りで、中国との貿易や友好活動の再開を訴えていた。中華人民共和国側も日中友好協会を日中交流の唯一の窓口と認識し、支持した。結果、人民共和国政府は、民間交流を通じて、政府間関係を促進する対日政策を決定するようになった（王 2013）。

　中華人民共和国の成立後、日本政府は台湾の国民政府と講和しつつ、大陸とも何らかの関係樹立をめざす「2つの中国」政策を行っていた。吉田内閣は、アメリカ政府の強い意向にしたがって、国民政府と国交を結ぶことになる。朝鮮半島では国連軍と中華人民義勇軍が戦闘状態にあり、共産党政権の安定性も不透明な

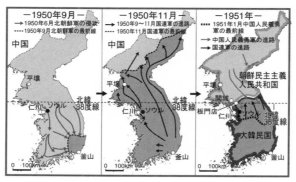

図 6-4　朝鮮戦争の推移（黒田監修 2014：301 一部改変）

なか、同政権との間に国交を樹立するというのは現実的ではないというのもその理由であった。講和条約と日米安全保障条約の発効日と同日に日華平和条約が締結され、日本政府は国民政府を「中国」の正統な政府と認めた。この条約は、実質的には台湾ではなく、「中国」との戦争状態の終了、「中国」との国交樹立に関する内容であった。また、この条約の対象から中国大陸が除外されたため、「中国」をめぐる戦後処理の問題が放置されることになった（川島・服部 2007）。その後の吉田内閣の対中国政策は、台湾を蒋介石に、大陸を毛沢東にそれぞれ統治させる「2つの中国」路線の外観を呈するようになった。これは、かつて満洲を張作霖、「中国本土」を蒋介石に統治させるという田中外交を想起させるものと評価されている（川島・服部 2007）。

　一方、広大な中国大陸は中国共産党が支配しており、日本の財界などは中国市場の将来性に注目していた。日本政府は台湾の国民政府を「中国」として承認したため、中国大陸との正式な貿易を開始するためには、中華人民共和国を承認しなければならなかった。こうした問題を回避する形で、1950年代以降、日中間の民間貿易が模索されるようになる（宮城編著 2015）。

第3節　経済大国化と日中国交正常化

　1950年代半ば以降、中ソ対立が激化した。1956（昭和31）年に国連への加盟を果たした日本は、中国の国家承認問題と国連における中国代表権問題とを関連づけるようになった。国民政府の国連での議席を維持すると同時に、中国代表権を「中国本土」に限定することで、中華人民共和国の国連加盟を推進し、同国との国交樹立をめざすようになったのである（国分ほか 2013）。これは、「2つの中国」政策と呼ばれている。吉田内閣期の「2つの中国」と比べ、中華人民共和国に接近しようとしていたことがわかる。一方、ソ連との対立のなかで、中華人民共和国側でも日本との経済関係を強化する必要が高まっており、「日中総合貿易に関する覚書」が交わされ、日中間で民間を中心にLT貿易が開始された。

　ただ、日本と中華人民共和国との国交樹立には至らなかった。ベトナム情勢が緊迫化し、さらにアメリカ政府による国民政府への多額の財政支援（「米援」）の打ち切りが決定されたことを背景に、日本の台湾向け円借款の必要性が高まっていた。日本の円借款には、「米援」の一部を肩代わりする役割が求められていた

（宮城編著 2015）。佐藤栄作内閣の発足後、国民政府との間で日華円借款交渉が進展し、妥結に至った。中国代表権問題に関して、佐藤内閣は、国連における国民政府の議席を守る方針であった。こうして、日本と中華人民共和国との関係は悪化したのであった。

　そうした状況を大きく変えたのが、米中接近である。1969（昭和44）年、アメリカではニクソン政権が成立した。ニクソン政権は、アジア関与の縮小や対中封じ込め政策の転換を目的に、中華人民共和国との関係改善をめざした。その背景には、中ソ対立の激化やベトナム戦争の長期化などの東アジアにおける冷戦構造の転換があった。1971（昭和46）年7月、ニクソン大統領が、腹心であるキッシンジャーの極秘訪中と自身の訪中予定を発表した。これを受け、日本政府内では、中華人民共和国との国交正常化の流れが加速した（ニクソン・ショック）。

　1972（昭和47）年7月に田中角栄内閣が成立すると、大平正芳外相は、1952（昭和27）年に締結された日華平和条約は中華人民共和国との国交正常化後には存在しないと発言し、「ひとつの中国」原則を受け入れた。これに対し、周恩来首相も、日本の姿勢を歓迎した。ただし、日中国交正常化を実現するためには、大きく分けて2つの課題があった。第一に、アメリカとの折衝が不可欠であった。これに関し、田中首相と大平外相は日米安全保障条約と抵触しない限りで中華人民共和国との交渉を進めるとの考えであった。第二に、政権与党の自民党内における親台派の政治家を説得しなければならなかった。田中首相や大平外相のリーダーシップのもとこうした問題への対処が行われ、1972（昭和47）年9月、「日本国政府と中華人民共和国政府との共同声明」（日中共同声明）が発表され、中華人民共和国との国交が樹立された（服部 2011）。これが日中国交正常化である。アメリカの対東アジア政策に大きく左右された結果ではあるが、日本は中華人民共和国を「中国の唯一の合法政府」として承認したのである。よって、国民政府は中国を代表する政府ではなくなった。大平外相は、日中国交正常化にともない、日華平和条約は終了したと表現した。ただし、日本政府は、台湾が中国の領土の不可分の一部であるとする中国政府の立場に明確には同意しなかった。

　日中国交正常化にともない、国民政府との関係は「断交」となったが、同年12月には、日本は台北に交流協会を、台湾は東京に亜東関係協会を設置し、国交断絶後も日台間の実務関係を継続させる仕組みが整えられたのであった（国分

ほか 2013)。

　このように、敗戦という大きな転機をはさみつつも、戦前は東アジアでの新た
な秩序の構築を目指し、戦後は経済大国となった日本にとって、国内の多様な中
国認識をどのように政策に収斂させていくかということは重要な政治課題であっ
たといえよう。

（久保田　裕次）

引用・参考文献 ●●●●●●●●●●●●●●●●●●●●●●●●●●●●●●●

有馬学『帝国の昭和』（講談社、2002 年）

石井寛治・原朗・武田晴人編『日本経済史 3』（東京大学出版会、2002 年）

入江昭『極東新秩序の模索』（原書房、1968 年）

臼井勝美『日中戦争』（中央公論社、1967 年）

臼井勝美『日中外交史』（塙書房、1971 年）

臼井勝美『日本と中国』（原書房、1972 年）

王雪萍「廖承志と中国の対日『民間』外交」（劉傑・川島真編『対立と共存の歴史認識』東京大学出版会、
　　2013 年）

外務省編『日本外交年表並主要文書（下）』（原書房、1966 年）

加藤聖文『「大日本帝国」崩壊』（中央公論新社、2009 年）

川島真・服部龍二編『東アジア国際政治史』（名古屋大学出版会、2007 年）

姜尚中・玄武岩『大日本・満州帝国の遺産』（講談社、2010 年）

久保田裕次『対中借款の政治経済史』（名古屋大学出版会、2016 年）

国分良成・添谷芳秀・高原明生・川島真『日中関係史』（有斐閣、2013 年）

佐藤誠三郎『「死の跳躍」を越えて』（千倉書房、2009 年）

奈良岡聰智『対華二十一ヵ条要求とは何だったのか』（名古屋大学出版会、2015 年）

服部龍二『日中国交正常化』（中央公論新社、2011 年）

服部龍二『増補版　幣原喜重郎』（吉田書店、2017 年）

宮城大蔵編著『戦後日本のアジア外交』（ミネルヴァ書房、2015 年）

山室信一『キメラ』（中央公論新社、2004 年）

ブックガイド ●●●●●●●●●●●●●●●●●●●●●●●●●●●

川島真・服部龍二編『東アジア国際政治史』（名古屋大学出版会、2007 年）……19 世紀から現
　　代までの東アジアの国際政治に関する概説書。日本や中国が中心に記述されているが、欧米
　　の動向にも目配りがなされている。各分野を専門とする数多くの執筆者が寄稿している定評
　　のある一冊。

国分良成・添谷芳秀・高原明生・川島真『日中関係史』（有斐閣、2013 年）……1949 年以降の
　　日中関係について、主に政治や外交の分野を中心に通史的に記述されている。日中をめぐる
　　国際関係や両国の政治状況もふまえられている。近年に刊行された日中関係史のスタンダー
　　ドなテキスト。

簔原俊洋・奈良岡聰智編著『ハンドブック近代日本外交史』（ミネルヴァ書房、2016 年）……
黒船来航から占領期までの日本外交に関する主要なトピックについて、「背景・展開・意義」
にそって解説する。最新の研究状況をふまえつつ、コンパクトかつ簡明な記述がめざされて
おり、各トピックの内容を理解しやすい。

おすすめ史跡紹介 ● ● ● ● ● ● ● ● ● ● ● ●

🏛 孫文記念館 （兵庫県神戸市）

　孫文記念館は、孫文と日本、孫文と神戸との関係
を中心に近現代の日中関係に関する史料を展示して
いる。記念館の建物は、神戸で活躍した華僑である
呉錦堂の別荘（松海別荘）の一部であった
「移情閣」である。1913 年 3 月、孫文が来日した際
には、松海別荘で歓迎会が開催された。また、記念

（孫文記念館提供）

館が立地する舞子は、瀬戸内海を望む風光明媚な地として古くから有名で、この場所で
近代の日中関係に思いを馳せるのもいいだろう。

　📍**所在地**　兵庫県神戸市垂水区東舞子町 2051 番地
開館時間　月曜日、年末年始は休館。10：00〜17：00。入館は 16：30 まで／**入館料** 300 円／**アクセ
ス**　山陽電鉄舞子公園駅 徒歩 5 分、JR 神戸線舞子駅徒歩 5 分
HP　http://sonbun.or.jp/jp/

🏛 台湾総統府 （旧台湾総督府） （台湾・台北市）

　現在、台湾総統府として使用されているこの建物
には、近代日本が台湾を統治するために設置した台
湾総督府が置かれていた。1919 年 3 月に完成した
総統府の建物は、当時の日本で流行していた建築様
式に基づいたものであった。また、現在まで残る近
代日本の植民地建築としては出色のものである。

2019 年 10 月現在、平日の 9 時〜12 時（入場は 11 時 30 分まで）にあらかじめ決められ
たルートの見学が基本である。予約は必要ないが、パスポート等の携帯が必要である。
不定期に自由参観も認められている。見学可能なスケジュールや内容はたびたび変わる
ので、逐一ホームページ等で確認した方がよい。

　📍**所在地**　台湾台北市中正区重慶南路一段 122 号
開館時間　土日休、月〜金 9：00〜12：00。最終受付は 11：30／**入館料** 無料／**アクセス**　台北捷運
（MRT）板南線・松山線西門駅、淡水信義線台大医院駅下車
HP　www.president.gov.tw/1_openvisit/subject-02.html （繁体中文）

補　論

冷戦と日本

　10代、20代の学生にとって「実体験」がない冷戦はすでに過去の出来事というか、現代史の一部であろう。しかし、半世紀弱続いた東西対立の冷戦時代を知ることは、現代に生きる私たちの社会を理解する上で必要である。第二次世界大戦後、日本が戦後復興を果たし、現代につながる社会を築き上げた背景には冷戦という世界情勢が存在しており、それを無視しては日本現代史を語ることはできないからである。

　冷戦とは、第二次世界大戦後の世界の覇権をめぐるアメリカ、ソヴィエト社会主義連邦共和国（ソ連）との対立が資本主義陣営と社会主義陣営の対立へと拡大し、全世界を巻き込んだ時代を評したものである。「冷たい」戦争という名称の通り、アメリカとソ連は直接には戦火を交えなかったが、アジア、中東といった地域で戦争は勃発し、それらの戦争には両国の関与があった。日本と特に関係が深い戦争は、朝鮮戦争（1950〜53年）、ベトナム戦争（第二次インドシナ戦争 1965〜75年）だろう。また、広島、長崎への原爆投下がもたらした惨劇にもかかわらず、両陣営は核兵器拡張競争に乗り出した。世界が滅亡するほどの威力をもつ水素爆弾の開発が行われるなか、1954年には水爆実験が行われたビキニ環礁で、日本漁船が被爆する第五福竜丸事件が起こった。また核戦争で世界が滅亡する寸前にまでに迫ったキューバ危機（1962年）があった。

　このような世界を二分した冷戦はどのような時代だったのか、日本はどのような立場にあったのかを概観したい。なお、紙面の関係で個々の事件や出来事を網羅できないので、それらは各自で調べてほしい。

第1節　冷戦の始まり

　アメリカとソ連の対立はまず第二次世界大戦後のヨーロッパでみられた。ソ連は、終戦前の1945年2月に開催されたヤルタ会談での約束を反故にし、東欧諸国に政治的介入を行い、共産主義勢力の政権を誕生させ、勢力圏を築いた。それ

に対抗したアメリカは、1947年3月にソ連の拡大を封じ込める政策、トルーマン＝ドクトリンを提唱し、ソ連への警戒心を強めた。同年6月にはヨーロッパ経済復興援助計画、マーシャル＝プランを発表し、西欧諸国へ勢力を拡大することに努めた。マーシャル＝プランはアメリカによる一種の「踏み絵」であった。つまり、西側陣営に入る意志のある国だけが復興支援を受けたのである。ソ連・東欧諸国はこれを受け入れず、同年9月にコミンフォルムを結成し、対抗した。

　以上のように冷戦はヨーロッパで始まったが、日本にもすぐに影響が及んだ。1945年8月14日にポツダム宣言を受諾した後、日本はGHQによる占領および非軍事化と民主化に向けた改革を受け入れ、戦後復興に向かっていくなかでアメリカ側、すなわち西側陣営に組み込まれていったからである。

　第二次世界大戦後、ドイツは戦勝国のソ連、アメリカ、イギリス、フランスの4か国によって分割占領されたが、東西対立の進展にともない、ソ連の占領地区とアメリカ、イギリス、フランスの西側占領地区との分断が進んだ。1948年6月、西側占領地区で行われた独自の通貨改革に対抗して、ソ連は西ベルリンへの交通を遮断する「ベルリン封鎖」を断行した。西側は生活必需品を空輸することでソ連側の封鎖に対抗した。翌年の1949年5月に封鎖は解除されたが、占領地区はそれぞれ分裂したまま、西側占領地区は同月にドイツ連邦共和国（西ドイツ）、10月に東側占領地区はドイツ民主共和国（東ドイツ）として成立した。

　以上のように、戦後ヨーロッパにおける勢力争いのなかで生じた東西対立はドイツを二分するほどであったが、実質的な軍事衝突をともなわなかった。ただし、1949年に西側の軍事機構である北大西洋条約機構（NATO）が設立され、それに対抗して1955年にソ連と東欧諸国はワルシャワ条約機構を設立するなど対立はみられた。

第2節　冷戦の広がり

　一方、第三世界では東西対立は軍事衝突に発展する「熱戦」となり、甚大な被害をもたらした。むろん、アメリカとソ連の対立だけではなく、その背景には第二次世界大戦後の脱植民化の動きや独立への道程において表面化した権力闘争など様々な要因が存在しており、一概に東西対立だけが原因ではない。しかし、東西対立は明らかにアジア、中東、アフリカ地域の政治、社会に影響を及ぼし、各

地域を分断したのである。

　東アジアでは東西対立が表面化していくなかで、1949 年に中華人民共和国が建国された。朝鮮半島では北緯 38 度線を境にアメリカ軍が南部、ソ連軍が北部に進駐し、1948 年大韓民国と朝鮮民主主義人民共和国の独立を招いた（第 6 部近現代篇Ⅱ 第 9 章第 2 節も参照）。周知の通り、ドイツの分断と異なる点は分断された国家同士が戦火を交えることになった点にある。1950 年 6 月から始まった朝鮮戦争では、日本の基地から国連軍としてアメリカ軍が戦場に赴いたため、戦争特需が生まれ、隣国の戦争が皮肉にも戦後復興の契機となった（**Column 補-1** p.188 も参照）。また、アメリカ軍の日本不在を補う目的で、警察予備隊が日本に創設された。後の自衛隊につながる組織である。北朝鮮軍を支援するために中国から派遣された人民義勇軍にも東西対立の広がりをみることができる。1953 年に休戦条約が締結されたが、朝鮮半島は南北に分断されたまま現在に至る。

　アメリカは、このようにして東アジアに誕生した共産主義勢力の「脅威」から日本を守ると同時に、日本の安定を重視する政策をとることで東アジアにおける西側陣営を保持しようとした。1951 年 9 月に調印されたサンフランシスコ平和条約と同日に結ばれた日米安全保障条約によって、アメリカ軍が引き続き日本に駐留することになった。東西対立の構造は世界各地に広がり、独立に向かう第三世界への政治的介入とそれにともなう多くの混乱とインドシナ戦争（第一次 1946 ～54）など各地で紛争を引き起こすことになる。

　他方で、半世紀の間ずっと東西陣営は緊張関係にあったわけではなく、緊張と緩和をくり返していった。例えば、1953 年にソ連は指導者スターリン死後、平和共存路線へ舵をとったため、「雪どけ」と呼ばれる緊張緩和の時期が訪れた。1956（昭和 31）年には日ソ国交回復が実現するなど、日本にも直接影響が及んだ。また、同年に日本は国際連合に加盟し、国際社会に復帰を果たした。

　しかし、この「雪どけ」は長く続かなかった。1956 年、東側陣営からの離脱を求めるハンガリーで勃発した反ソ運動（ハンガリー動乱）を、ソ連は軍事介入によって鎮圧したのである。また、「ベルリンの壁」が築かれた。東側陣営の東ドイツの首都ベルリンは、東ベルリンと西ベルリンとに分断されていたが、西ドイツの経済復興を目の当たりにした東ドイツ国民が西ベルリン経由で脱出、亡命するようになったので、それを阻止するために 1961 年に突如西ベルリンの周囲

　好況期の実質成長率が 10%前後の高率となり、短期間の低成長率の時期をはさみ循環的に経済が拡大した、1955(昭和 30)年頃から 64 年、65 年の不況を経ておよそ 73 年 10 月の第一次石油危機に至る、日本経済の高成長のことを指す(図補-1)。

　朝鮮戦争は、日本に「朝鮮特需」をもたらし、戦後復興の大きなはずみとなった。また戦後、国際情勢の緊張が緩和し、高成長の出発点となった。物価の安定は企業の収益増加につながり、1956〜57 年にかけて「神武景気」(日本国始まって以来、神武天皇以来の好景気という意味)が到来する。さらに、民間の設備投資が経済を牽引し、1959 年には「岩戸景気」が始まる。投資拡大が連鎖的に関連産業の投資を引き起こす「投資が投資を呼ぶ」状態であった。また、政府による経済計画の策定や産業基盤の整備により、重化学工業化が進展した。特に京浜、中京、阪神、北九州の各工業地帯などを中心とする「太平洋ベルト」と呼ばれる地域ではそれが顕著であった。

　1960 年代、日本経済の国際社会への開放も進展した。国際的な貿易為替(貿易の際、現金を移動させることなく、遠隔地間の決済を行う仕組み)の自由化を受けて、64 年に国際収支の悪化を理由とした為替制限ができない(自国の為替管理に国際的な制限が課せられる)国際通貨基金(IMF)8 条国に移行し、経済協力開発機構(OECD)に加盟した。特に後者に関しては、海運の自由化や外国資本の日本における経済活動の活性化につながる外資輸入の自由化が加盟条件となっていた。こうした国際的な開放体制への移行は、海外渡航の自由化を通じて、余暇としての海外旅行がブームとなるきっかけともなった。

　1965 年の不況から脱出した日本経済は、さらなる成長を遂げた。65 年 11 月から 70 年 7 月まで「いざなぎ景気」という長期の好況となった。カラーテレビなど電気製品の対米輸出、重化学工業製品や石油化学製品の東南アジア諸国への

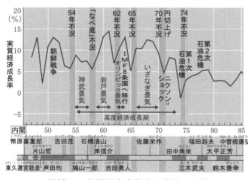

図補-1　実質経済成長率と戦後の内閣
(黒田監修 2014:308 一部改変)

輸出が進んだことにより、67年以降、貿易収支は継続的な黒字となった。68年にはGNP（国民総生産）が自由主義諸国中第二位（世界では、アメリカ、ソ連に次いで第三位）となり、「経済大国」と呼ばれるようになった。原油など海外からのエネルギーの安価かつ安定的な供給も、こうした日本の高成長を支えていた。

　1960年代後半に、日本の貿易収支の黒字が継続するなかで、1ドル＝360円という円の価値を引き上げる円レートの切り上げを求める圧力がアメリカから強まった。71年8月に、アメリカのニクソン大統領がドルと金の交換の停止を発表して以降、日本は変動相場制へと移行し、73年には1ドル＝260円となり、円高が進行した。同じ頃、円高不況に加え、石油危機による石油高騰が加わって、73年秋から74年にかけて物価が急騰する「狂乱物価」と呼ばれる混乱が生じた。石油危機の背景には、第四次中東戦争（73年秋から74年）やイラン革命の勃発という国際情勢があった。こうしたドルと石油の二重の危機によって、日本の高度成長は終止符を打たれたのである。

　高度経済成長は、ひずみもともなった。公害問題、都市問題、労働問題が深刻化した。公害問題に関しては、すでに1950年代後半に水俣病が発生し、58年11月には最初の公害対策立法が制定された。63・64年頃から公害反対の市民運動が高まり、67年には公害対策基本法が制定された。70年11月に開かれた臨時国会（公害国会）では、公害関係法が14件提出されるなど、70年代に向けての環境行政の基本的な骨格が形作られたのであった。また、71年には環境庁が設置され、環境行政が本格的に整備されることになった。

　また、高度経済成長期には、日本の産業別就業者人口が大きく変化した。1950年の日本の就業者は、第一次産業（農林水産業）が48.3％、第二次産業（製造業）が21.9％、第三次産業（サービス業）が29.7％であった。1950年代以降、大きく変化し、重化学工業の発展による第二次産業への従事者の増加をはさみ、1970年には第一次産業が19.3％、第二次産業が34.1％、第三次産業が46.5％となり、第三次産業が最多となった。このように、高度経済成長期を境に第一次産業から第三次産業中心の社会へと転換したのである。

（久保田　裕次）

●参考文献
安場保吉・猪木武徳編『日本経済史8　高度成長』（岩波書店、1989年）
武田晴人『シリーズ日本近現代史⑧　高度成長』（岩波書店、2008年）

を壁で取り囲み、亡命を遮断したのである。

　翌年の1962年に起こったのは、前述したキューバ危機であった。革命後、キューバが社会主義国家建設に向かうなか、ソ連がキューバにミサイル基地を建設したことにより、ソ連とアメリカが一発触発状態に陥った事件である。核戦争寸前まで陥った同事件後の1963年には、米ソ首脳が直接意見交換できるようにホットラインが設置され、さらには米・英・ソの間で部分的核実験禁止条約が締結された。こうして、「デタント」と呼ばれる緊張緩和の時代が再び訪れた。

第3節　多極化から終結へ

　しかし、米ソが歩み寄るなか、西側ではフランス、東側では中国がそれぞれ米ソの傘から出る動きをみせた、いわゆる「二極化」から「多極化」へ時代は移っていく。

　また、第二次世界大戦で荒廃した西ヨーロッパはアメリカのマーシャル＝プランによって復興がなされたが、一方でアメリカに依存しない経済統合を進めていく動きがみられた。1952年にヨーロッパ石炭鉄鋼共同体（ECSC）、58年にヨーロッパ経済共同体（EEC）およびヨーロッパ原子力共同体（EURATOM）が設立された。上記3共同体は1967年にヨーロッパ共同体（EC）に統合され、1993年のヨーロッパ連合（EU）誕生につながっていく。

　フランスはド・ゴール大統領による政治主導のもと、独自の外交展開を推し進め、1960年には核兵器を保持した。中国では毛沢東のもと独自の社会主義国家建設を進めるために、1958年に農村での人民公社設立や工業化を進める大躍進政策がなされたが、大量の餓死者が発生し、失敗に終わった。1966年には国内の資本主義の復活を図る修正主義者を弾圧するプロレタリア文化大革命を推し進め、大きな社会的混乱を招いた。また、中国はフランスと同様に核兵器を保持し、ソ連の傘からの脱却をはかった。このような中国の動きはソ連との対立を招き、その結果、中国がアメリカに接近する事態を招き、日中関係にも影響が及んだ。

　ニクソン米大統領が中国を訪問した1972年に、日本の田中角栄首相も北京を訪問したことで国交正常化交渉がなされ、1978年に日中平和友好条約が締結された。1972年に沖縄が返還されたことも忘れてはならない。1952年のサンフランシスコ平和条約によって日本は独立国家として主権を回復した一方で、沖縄は

アメリカの施政権下に置かれたままであった。1950年代半ば以降、本土復帰運動は激化したが、ベトナム戦争勃発など冷戦の進展に伴い、沖縄の米軍基地がアメリカの東アジア政策において重要な拠点となっていったため、返還交渉は難航した。冷戦構造が変化していったこの時期にようやく沖縄返還がなされたのであった。しかし、米軍基地はそのまま残って現在に至る。

　また、この時期は日本経済が大きく揺れ動いた時期でもあった。1971年にニクソン米大統領が米ドルに対する信認を確保しようとする新経済政策を発表、世界の株式市場は大混乱に陥った。対米輸出に依存して経済成長を遂げてきた日本にも大きな影響が及んだ。この「ドル・ショック」を契機に日本は1973（昭和48）年2月に、これまでとっていた固定為替相場制からほかの先進国と同様に変動相場制と移行した。さらに1973年に起こった中東での戦争（第四次中東戦争）は原油価格を上昇させ、日本の経済を直撃した（オイルショック）。その後も1985年のプラザ合意、1987年のブラックマンデーといった世界の経済の影響を日本は受け続けることになる。

　泥沼化していたベトナム戦争もこの時期決着をみる。1973年にベトナム和平協定が結ばれ、アメリカ軍がベトナムから撤退した。1975年にはサイゴン（現ホーチミン）が陥落し、76年にベトナム社会主義共和国が成立した。

　1979年のソ連によるアフガニスタン侵攻で東西は再び緊張したが、その後、東欧の民主化運動、第三世界の台頭、中東での革命など様々な出来事を経て、1989年11月にベルリンの壁が解放された。民主化運動の影響で、東欧諸国の共産党一党体制が崩れていくなか、東ドイツからの西側への脱出者が抑えられなくなったのを契機に、東西ベルリンを隔てていた壁が取り払われることになったのである。同年12月にゴルバチョフソ連共産党書記長とブッシュ（父）米大統領がマルタで会談し、終結宣言が出されたことにより冷戦は終わった。1990年10月にドイツは再び統一され、1991年には東側の機構であるコメコンとワルシャワ条約機構が解消された。同年12月にソ連が崩壊し、ロシア連邦を中心とした独立国家共同体（CIS）が結成された。

　以上のような半世紀にも続いた冷戦から日本は逃れるすべはなかった。冷戦が進展するなか、西側陣営において日本は戦後復興を果たし、その時々の東西対立に政治的・経済的に大きな影響を受けつつも、現在につながる社会を築き上げた

のである。

　一方で、冷戦が終結したといって世界が安定に向かったわけではなく、冷戦期に抑えられてきた民族問題が冷戦崩壊後一気に表面化するなど世界の混乱は続いたのを忘れてはならないだろう。

（石野　裕子）

参考文献　• •

ウェスタッド, O.A. 著、佐々木雄太監訳『グローバル冷戦史——第三世界への介入と現代世界の形成』（名古屋大学出版会、2010 年）

遠藤乾編『ヨーロッパ統合史（増補版）』（名古屋大学出版会、2014 年）

下斗米伸夫『日本冷戦史——帝国の崩壊から 55 年体制へ』（岩波書店、2011 年）

波多野澄雄編著『冷戦変容期の日本外交——「ひよわな大国」の危機と模索』（ミネルヴァ書房、2013 年）

マクマン, R. 著、青野利彦監訳『冷戦史』（勁草書房、2018 年）

ブックガイド　• •

小川浩之・板橋拓巳・青野利彦『国際政治史——主権国家体系のあゆみ』（有斐閣、2018 年）……冷戦期だけを扱っている文献ではないが、国際政治史をわかりやすく解説している概説書なので読んでほしい。補論で扱った内容は、第 7 章「冷戦の起源と分断体制の形成」から第 10 章「冷戦終結への道」で論じられている。

🏛 戦争証跡博物館（ベトナム・ホーチミン市）

　ホーチミン市（HCMC）にあるベトナム戦争の博物館。屋外展示と屋内展示に分かれており、屋外には実際に使用された戦車やヘリコプター等が展示されている。屋内展示では、生々しい戦況や枯れ葉剤がベトナムの子どもたちにもたらした惨状を写真で体験できる。かなり衝撃的な写真が多く、戦争の悲惨さを実感できるだろう。ベトナム戦争の写真でピューリッツァー賞を受賞した沢田教一など日本人戦場カメラマンの写真も多く展示されている。日本での反戦運動の展示もある。なかなか機会はないかもしれないが、ベトナム旅行に行ったときはぜひ訪問してほしい。

　📍**所在地**　28 Vo Van Tan, Ward 6, District 3, HCMC、ベトナム／**開館時間** 7：30〜12：00、13：30〜17：00／**入館料** 40,000VND（学生は半額）／**アクセス** 中心地から徒歩約20分

🏛 沖縄県平和祈念資料館（沖縄県糸満市）

　1945年3月末から6月まで戦われた沖縄戦を現代に伝える資料館である。20万もの人々が犠牲となった壮絶な地上戦を、住民の視点から追体験できる展示構成となっている。戦争体験者の証言集やビデオも閲覧できる。資料館は県営平和祈念公園内にあるので、戦没者の氏名を刻んだ記念碑「平和の礎」など関連施設も合わせて訪問してほしい。

（沖縄県平和祈念資料館提供）

　📍**所在地**　沖縄県糸満市字摩文仁614番地の1／**開館時間** 9：00〜17：00（常設展示室への入館は16：30まで）年末年始は休館／**入館料** 300円（学生150円）／**アクセス** 那覇バスターミナルから沖縄バス89番糸満線で糸満バスターミナルにて下車。琉球バス交通82番玉泉洞・糸満線に乗り換え、平和祈念堂入り口バス停にて下車、徒歩5分
　HP http://www.peace-museum.pref.okinawa.jp/index.html

図版出典

図 1-1	佐藤信『日本古代の歴史6 列島の古代』吉川弘文館、2019年、p.9
図 1-2	日本第四紀学会・小野昭ほか編『図解・日本の人類遺跡』東京大学出版会、1992年、p.10
図 1-3	埴原和郎「日本人の形成」朝尾直弘ほか編『岩波講座日本通史 第1巻 日本列島と人類社会』岩波書店、1993年、p.111
図 1-4	玉田芳英編『史跡で読む日本の歴史1 列島文化のはじまり』吉川弘文館、2009年、p.13
写真 1-1	（左）佐世保市教育委員会所蔵／（右）六ヶ所村教育委員会提供
図 1-5	日本第四紀学会・小野昭ほか編『図解・日本の人類遺跡』東京大学出版会、1992年、p.2
図 1-6	同上書、p.93 図10
図 1-7	松木武彦『日本の歴史1 列島創世記—旧石器・縄文・弥生・古墳時代』小学館、2007年、p.196
図 1-8	E.S.モース著、近藤義郎・佐原真編訳『大森貝塚』岩波文庫、1983年、p.87
図 1-9	飯島魁・佐々木忠次郎『常陸陸平貝塚』第一書房、1983年、plate1
写真 1-2	東京大学総合研究博物館所蔵
写真 1-3	穂波町教育委員会『スダレ遺跡—福岡県嘉穂郡穂波町椿所在遺跡の発掘調査報告』穂波町教育委員会、1976年
図 1-10	国立歴史民俗博物館編『倭國亂る』朝日新聞社、1996年、p.58
図 1-11	田中琢『日本の歴史2 倭人争乱』集英社、1991年、p.94 図53
図 1-12	寺沢薫『日本の歴史02 王権誕生』講談社、2000年、p.172
図 1-13	国立歴史民俗博物館編『倭國亂る』朝日新聞社、1996年、p.96
写真 1-4	同上書、p.97
図 1-14	日本第四紀学会・小野昭ほか編『図解・日本の人類遺跡』東京大学出版会、1992年、p.157
写真 1-5	（上）笠石神社所蔵／（下）大田原市教育委員会所蔵
図 1-15	森公章編『日本の時代史3 倭国から日本へ』吉川弘文館、2002年、p.267
図 1-16	日本第四紀学会・小野昭ほか編『図解・日本の人類遺跡』東京大学出版会、1992年、p.198
図 1-17	下野市教育委員会所蔵
写真 2-2	斎宮歴史博物館提供
図 3-2	宮内庁三の丸尚蔵館所蔵
図 4-1	荒野泰典『近世日本と東アジア』東京大学出版会、1988年、p.8
写真 4-1	徳川記念財団所蔵
写真 4-3	一橋大学附属図書館所蔵

図 5-1 　　　　東京大学史料編纂所所蔵

図 5-2 　　　　笹山晴生・佐藤信・五味文彦ほか『詳説日本史 B（改訂版）』山川出版社、2017 年、p.274

図 5-3 　　　　東京都立中央図書館特別文庫室所蔵

図 5-4 　　　　大谷正『日清戦争』中央公論新社、2014 年（中公新書 2270）、中扉

図 5-5 　　　　飯塚一幸『日本近代の歴史 3 　日清・日露戦争と帝国日本』吉川弘文館、2016 年、p.35

図 6-1 　　　　詳説日本史図録編集委員会編『詳説日本史図録（第 7 版）』山川出版社、2017 年、p.281

表 6-1 　　　　同上書、p.282

図 6-2 　　　　黒田日出男監修、帝国書院編集部編『図説 日本史通覧』帝国書院、2014 年、p.275

図 6-3 　　　　同上書、p.280

図 6-4 　　　　同上書、p.301

図補-1 　　　　同上書、p.308　1-A

編集後記

　この一年は、日本にとって本当に激動の年でした。2019 年 5 月には「平成」から「令和」へと元号が変わりました。9 月・10 月には台風による大きな被害が起き、全国各地で尊い命が奪われました。さらに現在（2020 年 3 月）、大陸からもたらされたといわれる「新型コロナウィルス」によって、私たちの国民生活は甚大な危機のなかにあります。まさに今、私たちはこれまで経験したことのない「不安」の渦中にいます。

　しかし、ふと冷静になって考えてみると、こうした経験は何も今はじまったことではありません。元号の変更は日本史全体からしてみれば珍しいことではありません。台風による洪水被害も、疫病による「パンデミック」（感染爆発）さえも、古代以来、幾度となく日本史が経験してきた出来事です。

　当時その渦中にあった人びとは、その都度、知恵を出し合いながら数々の危機を乗り越えてきました。それは一部の政治家に限ったことではありません。地域の隅々に生きた一人一人が、それぞれ時代に翻弄されながらも、幾度となく困難を乗り越えてきました。その事実を考えたとき、日本の歴史は、今まさに「不安」のなかにいる私たちに勇気と希望を与えてくれるでしょう。

　さて、本書で私たちは二つのことを試みました。ひとつは一国中心史観に陥らないように戒め、常にグローバルな視点から歴史をみるようにしました。もうひとつは、人物ではなく社会や時代の動きを客観的にみつめようとしました。それがどこまで達成できたかはわかりません。しかしこの二つは、現代の日本が直面している事態を考えるうえでも重要でしょう。今、世界各国の人びととの連携・協力、そしてそれぞれの立場の人びとのひとつひとつの小さな努力の積み重ねが、私たちに求められています。本書をきっかけに、ぜひもう一度日本の歴史を振り返り、現在のさまざまな問題に考えをめぐらしていただければ幸いです。

　なお、本書においてはあくまでも概説であることを意識し、できるだけコンパクトなものにするため、当然挙げるべき事項について触れられなかった点があります。また、参考文献は必要最小限のものにとどめました。その点は広く読者のご海容を願うとともに、ご指摘・ご批判を寄せていただきたく思います。

夏 目 琢 史

事 項 索 引

人 名 索 引

著者紹介

勝田　政治（かつた　まさはる）

国士舘大学文学部史学地理学科名誉教授。早稲田大学大学院文学研究科博士課程単位取得退学、博士（文学）。専門は日本近代史。

主要著書　『内務省と明治国家形成』（吉川弘文館、2002 年）、『小野梓と自由民権』（有志舎、2010 年）、『廃藩置県』（角川ソフィア文庫、2014 年）、『大政事家　大久保利通』（角川ソフィア文庫、2015 年）、『大久保利通と東アジア』（吉川弘文館、2016 年）、『明治国家と万国対峙』（角川選書、2017 年）

眞保　昌弘（しんぽ　まさひろ）

国士舘大学文学部史学地理学科教授。国士舘大学文学部史学地理学科国史学専攻考古学コース卒業、博士（人文科学）。専門は歴史考古学。

主要著書　『日本考古学・最前線（日本考古学協会編）』（共著：雄山閣、2018 年）、『古瓦の考古学』（共著：ニューサイエンス社、2018 年）、『古代国家形成期の東国』（同成社、2015 年）、『日本の金銀山遺跡』（共著：高志書院、2013 年）、『古墳から寺院へ―関東の 7 世紀を考える―』（共著：六一書房、2013 年）、『日本古代の郡衙遺跡』（共著：雄山閣、2009 年）、『近世の好古家たち―光圀・君平・貞幹・種信―（国学院大学日本文化研究所編）』（共著：雄山閣、2008 年）、『侍塚古墳と那須国造碑』（同成社、2008 年）など。

仁藤　智子（にとう　さとこ）

国士舘大学文学部史学地理学科教授。お茶の水女子大学大学院人間文化研究科単位取得退学、博士（人文科学）。専門は日本古代史。

主要著書・論文　『平安初期の王権と官僚制』（吉川弘文館、2000 年）、『人物で学ぶ日本古代史 3　平安時代編』（共著：吉川弘文館、2022 年）、『天皇はいかに受け継がれたのか』（共著：績文堂、2019 年）、『古代史講義』（共著：ちくま新書、2018 年）、「史実と物語のあいだ」（『歴史評論』841 号、2020 年）、「女帝の終焉」（『日本歴史』837 号、2018 年）、「応天門の変と『伴大納言絵巻』」（『国士舘史学』19 号、2015 年）、「『篁物語』の総合的研究 1〜7」（『国士舘人文学』7〜13 号、2017〜23 年）など。

秋山　哲雄（あきやま　てつお）

国士舘大学文学部史学地理学科教授。東京大学大学院人文社会研究科博士課程修了、博士（文学）。専門は日本中世史。

主要著書　『北条氏権力と都市鎌倉』（吉川弘文館、2006年）、『都市鎌倉の中世史』（吉川弘文館、2010年）、『鎌倉幕府滅亡と北条氏一族』（吉川弘文館、2013年）、『鎌倉を読み解く』（勉誠出版、2017年）、『日本中世史入門　論文を書こう』（共編著：勉誠出版、2014年）

夏目　琢史（なつめ　たくみ）

国士舘大学文学部史学地理学科准教授。一橋大学大学院社会学研究科博士後期課程修了、博士（社会学）。専門は日本近世史。

主要著書　『アジールの日本史』（同成社、2009年）、『「名著」から読み解く日本社会史』（ミネルヴァ書房、2018年）、『江戸の終活』（光文社新書、2019年）など。

久保田　裕次（くぼた　ゆうじ）

国士舘大学文学部史学地理学科准教授。大阪大学大学院文学研究科博士後期課程修了、博士（文学）。専門は日本近現代史。

主要著書・論文　『対中借款の政治経済史―「開発」から二十一ヵ条要求へ―』（名古屋大学出版会、2016年）、「満蒙政策と政友会―大正期における野田卯太郎と山本条太郎―」（『日本史研究』666号、2018年）、「第一次世界大戦期の対華国際借款団をめぐる日英関係」（瀧口剛編『近現代東アジアの地域秩序と日本』大阪大学出版会、2020年）など。

石野　裕子（いしの　ゆうこ）

国士舘大学文学部史学地理学科准教授。津田塾大学大学院国際関係学研究科後期博士課程単位取得満期退学、博士（国際関係学）。専門はフィンランド近現代史。

主要著書　『「大フィンランド」思想の誕生と変遷　叙事詩カレワラと知識人』（岩波書店、2012年）、『物語フィンランドの歴史　北欧先進国「バルト海の乙女」の800年』（中公新書、2017年）、『フィンランドを知るための44章』（共編著：明石書店、2008年）

日本史概説──知る・出会う・考える

2020 年 6 月 25 日　初版第 1 刷発行
2023 年 4 月 20 日　　　第 2 刷発行

著　者　勝田　政治
　　　　眞保　昌弘
　　　　仁藤　智子
　　　　秋山　哲雄
　　　　夏目　琢史
　　　　久保田裕次
　　　　石野　裕子
発行者　木村　慎也

定価はカバーに表示　　印刷・製本　日本ハイコム株式会社

発行所　株式会社　北樹出版

〒153-0061　東京都目黒区中目黒 1-2-6
URL：http://www.hokuju.jp
電話(03)3715-1525(代表)　FAX(03)5720-1488

ISBN 978-4-7793-0633-4　（落丁・乱丁の場合はお取り替えします）